KB194991

비포 메리지(Before Marriage)

지은이 | 호산나
초판 발행 | 2025. 3. 26
등록번호 | 제1988-000080호
등록된 곳 | 서울특별시 용산구 서빙고로65길 38 두란노빌딩
발행처 | 사단법인 두란노서원
영업부 | 2078-3333   FAX | 080-749-3705
출판부 | 2078-3331

책 값은 뒤표지에 있습니다.
ISBN 978-89-531-5076-8   03230

독자의 의견을 기다립니다.
tpress@duranno.com   www.duranno.com

ⓒ 이 출판물은 저작권법에 의해 보호를 받는 저작물이므로
무단 전재와 무단 복제, 무단 사용을 할 수 없습니다.

두란노서원은 바울 사도가 3차 전도여행 때 에베소에서 성령 받은 제자들을 따로 세워 하나님의 말씀으로 양육하
던 장소입니다. 사도행전 19장 8-20절의 정신에 따라 첫째 목회자를 돕는 사역과 평신도를 훈련시키는 사역, 둘째
세계선교(TIM)와 문서선교(단행본·잡지) 사역, 셋째 예수문화 및 경배와 찬양 사역, 그리고 가정·상담 사역 등을
감당하고 있습니다. 1980년 12월 22일에 창립된 두란노서원은 주님 오실 때까지 이 사역들을 계속할 것입니다.

BEFORE MARRIAGE

비포 메리지

두란노

CONTENTS

CONTENTS

Prologue | 하나님의 소중한 선물을 기대하며 준비하길

너희 안에서 행하시는 이는 하나님이시니 자기의 기쁘신 뜻을 위하여 너희에게 소원을 두고 행하게 하시나니 (빌 2:13)

나는 여행을 그렇게 좋아하지 않는다. 쉬는 날은 말 그대로 집에서 마냥 쉬고 싶다. 그런데 어쩌다 한 번씩은 거리가 있어도 꼭 가고 싶은 곳이 생긴다. 그 중에 하나가 조슈아트리 국립공원(Joshua Tree National Park)이다. 누군가가 자신이 캘리포니아에서 가장 좋아하는 곳이 여기라고 했다. 조용한 사막, 캄캄한 밤에 촘촘하게 박힌 수많은 별을 보면 내가 살고 있는 곳이 좁고 좁은 세상이 아니라 우주 한복판임을 깨닫게 된다고 했다. 나도 그 경이로움을 느끼고 싶었다. 캘리포니아로 이사하자마자 신랑에게 "거기에 가보자!"하고 졸랐다. 사막 둔덕과 그 사이에서 자라는 생소한 생명체들, 밤에 보이는 무수한 별들이 새로웠다. 말 그대로 대만족이었다. 책상에 앉아 컴퓨터로 세상을 보고, 드라이어로 머리를 말리며 거울에 비친 내 모습을 보고, 운전 중에 어깨 너머로 조잘거리는 아이들의 소리를 들으며 일상을 살다가 갑자기 이스라엘 백성들을 인도하시는 하나님을 사막 한가운데서 만난 느낌이었다. 신랑에게 이곳을 추천하고 우리 집순이들을 데리고 밖으로 나오길 잘했구나 싶었다.

이따금 이렇게 평소 하지 않던 일을 해야겠다는 생각이 강하게 들 때가 있다. 유튜브를 시작할 때도 그랬다. 내 친구가 암으로 곧 천국에 갈 것 같다는 말을 듣는 순간 유튜브가 떠올랐다. 친구가 천국에 가면, 남은 친구의 아이들에게 말씀을 전해 줄 엄마가 없어지는 것 아닌가? 나는 엄마의 사명이 어린 아이들에게 하나님 말씀을 가득 심어 주는 것이라 생각한다. 그래야 아이들이 살아가면서 인생의 필요한 순간마다 그 말씀을 떠올리며 방향을 정하고, 옳은 선택을 할 수 있다. 성령님이 말씀을 떠오르게 하신다지만 그 사람 안에 이전에 들은 말씀이 없다면 떠올릴 것도 없다. 그래서 신랑의 지원을 받아 카메라와 노트북을 샀다. 그리고 어린이들에게 말씀을 전하는 유튜브를 시작했다. 아이들이 아무리 어려도, 내가 그 아이들과 멀리 떨어져 있어도, 아이 스스로 언제든지 볼 수 있는 유튜브는 나에게 좋은 도구였다.

내가 "산나의 하나님 말씀" 채널을 시작하고 두 달이 조금 지나 내 친구는 천국에 갔다. 마음먹고 바로 시작한 것이 참 다행이었다. 내 친구 아이 두 명과 내 아이 두 명을 위해 시작한 일이었는데 수년이 지난 지금은 이 채널이 또 다르게 쓰이고 있다. 어린이 부서 사역자가 없는 교회에서 이 말씀을 가지고 어린이 예배를 드린다고 한다. 또 선교사님들이 선교지의 아이들은 챙기시지만 정작 자기 아이들을 돌볼 여력이 없는데 이 영상으로 자기 자녀들을 키우고 있다는 이야기를 듣는다. 크신 하나님의 계획은 항상 내 생각을 뛰어넘는다. 그래서 이전에 없던 마음의 소원이 갑자기 생기면 '이것이 하나님으로부터 온 것이 아닌가?' 하는 기대가 생긴다.

이 책도 그랬다. 마음에 소원이 찾아왔다. 결혼하지 않겠다는 이들, 어떻게 연애해야 할지 모르겠다는 이들, 남들이 만나니까 나도 만난다는 이들을 보며 마음이 끓었다. 부부로 하나 됨은 이 땅에서 천국이 시작되는 자리다. 이 천국 안에서 자라는 아이들은 행복하고, 이 천국을 맛본 사람만이 세상에 천국을 전할 힘이 있다. 그런데 이 소중한 하나님의 선물을 기대하며 준비해야 할 젊은이들이 허송세월하고 있다는 사실이 답답했다. 그래서 시작된 일이었다. 이 책을 준비하며 행복했다. 아름답게 만남을 갖는 커플들을 떠올리고, 주님의 향기를 뿜어내는 가정들을 꿈꾸었다. 이 책을 통해 결혼율은 물론 출산율까지 자연히 증가하길 기대한다. 나는 항상 꿈을 크게 꾼다.

이 책을 펼친 당신의 삶에 일하실 하나님을 기대한다. 이 책을 집어 든 것은 우연이 아니다. 하나님의 기쁘신 뜻을 위하여 당신의 마음에 소원을 두신 하나님, 말씀을 만나게 하시며 깨닫게 하시는 하나님을 찬양한다. 오직 여호와의 뜻만이 우리의 삶에 온전히 이루어지길 기도한다(잠 19:21).

2025년 3월

호산나

PART 1.

연애의 목적

1 | 왜 연애하려고 하는가

남자는 핫초코, 여자는 라떼를 시켰다. 한 명은 쌉쌀한 커피를 못 먹고, 한 명은 우유 맛으로 커피를 마신다. 커피 맛은 둘 다 모르지만 사랑은 좀 안다. 지금 둘의 눈에는 상대로만 가득하기 때문이다. 상대의 목소리, 표정, 몸짓에 모든 감각이 쏠려 있다. 상대의 모든 것을 다 담아 낼 기세다. 이런 커플을 보고 있으면 행복하다. 이들이 세워 갈 가정을 위해 기도한다. 옆테이블까지 느껴지는 사랑의 기운이 더욱 깊어지고 든든해지길 소망한다.

겨우 남녀 둘이 커피숍에서 연애하고 있는데 왜 이렇게 심각하냐고? 난 연애에 진심이기 때문이다. 나에게 연애는 이성에 대한 경험을 많이 쌓기 위해, 옆구리가 시려서, 스킨십이 하고 싶어서 하는 일이 아니다. 연애에는 분명한 목적이 있다.

목적을 알아야 짝이 보인다

연애의 목적은 결혼이다. 결혼할 사람과 하는 것이 연애다. 물론 연애 중에 헤어질 수도 있지만 연애를 시작하는 분명한 목적은 오직 결혼이다. 목적이 분명하면 과정이 정리된다. 결혼할 생각이 없는 사람은 연애 금지다. 그런 사람은 데이트 시장에서 아예 빠지기 바란다. 시장에 혼란을 주기 때문이다. 우리에게 결혼은 하지 않고 연애만 하겠다는 사람은 용납 불가다.

이제 둘이 하나 되는 놀라운 신비에 참여하고 싶은 사람, 결혼하고 싶은 사람들만 남았다. 연애하는 과정이 순탄치만은 않을 것이다. 그렇지만 불가능한 일도 아니다. 주위를 둘러보면 놀랍게도 다들 자기 짝을 찾았다. 어떻게 둘이 서로의 짝인지 알아봤는지, 어디서 만났는지, 어느 시점에 그 사람과 평생을 함께 하기로 결심했는지 궁금할 것이다. 가장 가깝게는 부모님이 계시다. 두 분이 어떻게 결혼을 결심했을까? 신기하고 놀라운 일 아닌가?

이제 당신 차례다. 하나님은 당신의 인생을 창조하셨다. 목적을 두고 세심하게 만드셨다. 그래서 그에 맞는 재능과 은사를 허락하셨다. 시간과 장소를 정해서 이 땅에 보내셨다. 물론 하나님이 계획하신 당신의 인생에는 미래의 배우자도 포함되어 있다. 나에게는 두 자녀가 있다. 아직 어리지만 가끔 이 아이들이 이룰 가정을 생각한다. 하나님이 이미 창조하셔서 지금 어딘가에서 자라고 있을 우리 아이들의 배우자를 위해 기도한다. 그들도 주님이 보호해 주시고 아름답게 키워 주시길, 그리고 하나님이 계획하신 때에 서로가 잘 준비되어 순조롭게 만나길 기도한다.

내 인생에서 연애의 목적이 결혼이라는 점은 분명했다. 연애의 끝은 결혼이니 중고등학교 시절에는 연애할 생각을 아예 하지 않았다. 물론 친구들의 다사다난한 연애사를 듣는 것은 꽤 즐거웠다. 누가 누구랑 만난다느니 어느 커플이 대판 싸우고 헤어졌다느니 하는 이야기들은 언제 들어도 재밌었다. 내 눈에도 종종 관심 있는 사람, 더 알아가 보고 싶은 사람들이 있었다. 하지만 난 한 사람과 연애를 오래 할 자신이 없었다. 결혼은 적어도 대학을 졸업하고 할 텐데 학창시절에 만난 사람과 주야장천 연애하고, 군대 다녀오는 것까지 기다렸다가 결혼하는 것은 불가능해 보였다. 물론 고등학교 때 만난 사람과 10년 넘게 연애해서 결혼하는 사람도 보긴 했다. 그들의 끈기와 인내에 박수를 보낸다. 하지만 나는 나를 안다. 그렇게 할 자신이 없었다. 차라리 그동안 많은 사람과 친구가 되고, 여러 사람을 알아가 보고, 그중에서 내 짝을 찾고 싶었다. 그래서 친구를 두루두루 사귀었던 것 같다. 혹자는 남자와 여자 사이에 친구는 없다고 말할 수도 있다. 이 문제는 밤새 토론해도 쉽게 결론 내리기 어렵다. 간단하게 생각하자. 사귀지만 않으면 모두 친구 아닌가? 이성 간에도 필기 노트 빌려 달라고 스스럼없이 말할 수 있는 친구, 샤프심 있냐고 물어볼 수 있는 친구, 이 수학 문제 도대체 어떻게 풀었냐고 물어볼 수 있는 친구, 혼밥이 싫을 때 밥 먹으러 같이 가는 친구 정도로 지내는 건 가능할 것이다.

중학교 때, 한 친구가 나에게 사귀자고 말했다. 정말 좋은 아이여서 친구 관계를 잘 유지하면서 거절하고 싶었다. 그래서 "우리가 사귄다고 해도 시간이 지나면 헤어질 거고, 헤어지면 슬프잖아. 그러니까 계속 친구하자"고 말했다. 지금 생각하면 말 같지도 않은 소리를 했지만 그래도 별문제 없이 그 친구와 잘 지냈다. 그렇게 말해 놓고 다른 사람을 만났다면 정말 나쁜 사람이지만 누구도 만나지 않았으니 괜찮았던 것 같다.

대학교에 갔다. 물론 이때는 연애를 염두에 뒀다. 대학생이 되었으니 이제 어른이라는 생각도 들고 좋은 사람이 보이면 만나 보고 싶다는 생각도 했다. 좌우가 꽉 막힌 독서실 책상에 앉아 험난한 고등학생 시절을 보내면서 이성과 함께 햇빛 찬란한 교정을 걷는 상상을 얼마나 했던가. 그렇게 대학에 들어왔으니 모두 촉각을 곤두세우고 자기 짝을 찾는 것 같았다.

특별히 내가 결단한 사건이 있었다. 신입생 오리엔테이션 때, 마음이 잘 맞는 친구를 만났다. 그 절친과 수업이란 수업은 다 붙어 다니고 점심도 항상 같이 먹었다. 주문할 땐 꼭 서로 다른 메뉴를 시켜서 반반 나눠 먹곤 했다. 뻔한 주머니 사정 속에서 우리가 터득해 낸, 식탁을 풍요롭게 하는 방법이었다. 어느 날, 나의 절친에게 남자친구가 생겼다. 복학생 오빠였다. 그 오빠를 소개해 준다고 해서 셋이 점심을 먹었다. 메뉴는 세 가지를 시키고 밥은 두 공기만 주문했다. 당연히 나는 내 친구와 나눠 먹을 생각이었다. 그런데 눈앞에서 충격적인 사건이 벌어졌다. 내 친구가 그 오빠랑 밥 한 공기를 나눠 먹는 것이었다. 그 오빠는 덩치가 커서 밥 한 공기를 다 먹어도 모자라 보였다. 오히려 내 앞에 꽉 찬 밥 한 공기가 덜렁 있었다. 밥을 뜨면서 왠지 모를 배신감과 섭섭함이 밀려왔다. 이때 결심했다.

'나도 내 짝을 찾으리라!'

당신은 왜 연애하고 싶은가? 마음에 불을 당긴 이유는 수만 가지일 것이다. 나처럼 말도 안 되는 이유일 수도 있다. 그런데 거기서 끝나면 안 된다. 결혼을 꿈꾸어야 한다. 목표가 정확하면 길이 보인다. 가야 할 길과 가지 말아야 할 길이 보인다. 해야 할 일과 하지 말아야 할 일이 구분된다. 연애의 목적은 결혼이다. 이 사람이 나와 결혼할 사람인지, 하나님이 계획하신 나의 짝인지를 분별하고, 둘이 앞으로 어떻게 함께 살아갈지 계획하는 것이 연애다.

연애도 준비가 필요하다

그럼 이제 연애의 본질을 따라가자. 먼저 자신을 준비해야 한다. 운동도 준비 운동이 기본이다. 준비 운동 없이 막 달렸다가는 무릎 나간다. 스트레칭은 운동 전 필수 요소다. 학교에 가는 사람은 아침 일찍 일어나 책과 필기도구, 도시락, 체육복을 준비해야 한다.

저절로 되는 것은 없다. 우리도 준비부터 제대로 해보자. 준비가 완료되면 연애하고 싶은 사람과 썸을 타야 한다. 이 과정도 연애의 터를 닦는 중요한 단계다. 착각하지 말자. 생전 처음 보는 사람과 연애할 수는 없다. 소개팅에서 처음 만난 사람이 그 자리에서 "우리 사귈까요?"라고 말한다면 눈을 동그랗게 뜨고 쳐다봐야 한다. 나에 대해 뭘 안다고 연애하자는 것일까 고개를 갸우뚱해야 정상이다. 첫눈에 반했다면 썸부터 타야 한다.

연애는 모르는 사람과 하는 것이 아니라 잘 아는 사람과 하는 것이다. 잘 아는 것뿐 아니라 결혼하고 싶다는 생각이 드는 사람과 하는 것이다. 그것도 혼자만 콩닥거리는 것이 아니라 서로의 눈에서 하트가 나와야 한다. 서로 동의하여 공식적으로 연애하고, 하나님이 주신 짝이라는 확신이 들면 결혼에 이르는 것이다. 하나님이 예비하신 이 길을 제대로 가고 싶은가? 하나님의 뜻을 구하는 당신을 보면 내 가슴이 뛴다.

2 | 왜 결혼하려고 하는가

"죽기 전에 꼭 해보고 싶은 일은?"

이런 질문을 들으면 대부분 세계 여행, 제주도 한 달 살기, 스카이 점프, 뉴욕에서 크리스마스 보내기, 파리에서 크루아상 먹기 등을 떠올릴 것이다. 그런데 내 대답은 너무 진부하게 들릴지 몰라도 '결혼'이었다. 진심이다. '그렇게까지 결혼이 하고 싶었다고?' 의아해할지도 모르겠다. 그런데 나에게 있어서 결혼은 곧 죽어도 꼭 하고 싶은 일이었다.

아마 크리스천이라면 살면서 이런 기도를 한 번쯤은 해봤을 것이다.

"예수님, 어서 오시옵소서. 지금 당장 오시옵소서."

언제일까? 학창시절, 기말고사 전날 공부를 전혀 하지 않았을 때나, 내일 당장 회사에서 중대한 발표를 해야 하는데 발표 연습은커녕 자료도 제대로 준비하지 못했다면, 전날 밤 어김없이 이런 기도를 한다. "주여, 속히 오시옵소서!" 그런데 나는 이런 기도를 드린 적이 없다. 왜냐하면 내일을 맞이하는 것은 두렵지만 결혼도 안 해보고 종말을 보기는 아쉬웠기 때문이다. 대신 이렇게 기도했다. "마라나타, 우리 주님 오시옵소서. 그런데 기왕이면 제가 결혼은 해보고 나서 주님이 오시면 좋겠습니다." 나에게 있어서 결혼은 그 정도로 꼭 하고 싶은 일이었다. 지금 생각하면 결혼이 그렇게도 간절했나 싶은데, 다시 그때로 돌아간다 해도 나는 똑같이 기도했을 것이다.

29살에 바라고 바라던 결혼을 했다. 이제 여한이 없다. 파리에서 크루아상을 안 먹어 봤지만 괜찮고, 제주도에서 한 달을 살아 보지 않았지만 상관없다. 번지 점프는 원래 무서워서 못 하고, 세계 여행은 뭘 얼마나 더 다녀야 직성이 풀리겠는 가? 그냥 적당히 봤으면 됐다. 이제 주님이 오신다 해도 아쉬울 것이 하나도 없다. 사랑하는 주님과 눈물도 걱정도 없는 천국에서 살게 될 테니 그보다 더 좋은 일이 어디 있는가? 죄 많은 이 세상도 이렇게 좋은데 저 천국은 얼마나 더 좋겠는가? 아직 결혼 전인 이들에겐 미안하지만, 나는 주님이 오늘 오셔도 괜찮다. 하지만 나처럼 결혼을 꼭 해보고 주님을 뵙고 싶은 사람이 있다면, 내가 그 마음을 잘 안다. 간절히 기도하겠다. 당신의 결혼 후에 주님이 오시길.

결혼을 왜 하냐고 묻는 당신에게

어떤 사람은 내게 그리 힘든 결혼이 왜 하고 싶었느냐고 물을 수 있다. 그냥 생판 남과 지지고 볶고 사느니 혼자 사는 것이 훨씬 인생에 이롭지 않으냐고, 뭐 하러 남을 위해 희생하고 헌신하는 길을 가려고 안간힘을 쓰느냐고 말할 수 있다. 그런데 나는 도리어 그런 사람들에게 되묻고 싶다. 해보지도 않고 결혼이 힘들다고 어떻게 말할 수 있나? 혼자 사는 것이 인

21

생에 훨씬 이롭다는 걸 어떻게 알았나? 겪어 보지도 않고 그 길이 힘들고 고된 여정이라는 지혜로운 생각을 어떻게 하게 되었나? 어른들의 시선과 속사포처럼 쏟아지는 진부한 말들을 굳건히 이겨 내고 혼자 살 결심을 할 정도로 심지가 굳은 사람이 된 비결은 무엇인가? 난 당신에게 물어보고 싶은 것이 참 많다. 그중에도 이건 제일 먼저 묻고 싶다. 가끔 외롭다는 생각이 들지는 않은가? 사랑하고 싶지 않은가?

요즘 확실히 결혼 연령이 늦어지고 있다. 공부는 끝이 없고, 직장을 구하는 것도 하늘의 별 따기다. 또 어렵사리 들어간 직장에서 자리를 잡는 데도 시간이 걸린다. 그뿐인가? 다들 눈은 높아졌고 바라는 것은 많아졌는데 물가는 하늘에 닿았다. 젊은 남녀 두 사람이 머리 둘 곳을 마련하기는 어렵다 못해 불가능에 가까워지고 있다. 그러니 대출이며, 직장이며, 여러 가지 요인들로 결혼은 한없이 멀어지는 실정이다. 부모들의 생각도 많이 달라졌다. 예전에는 도대체 언제 결혼할 거냐며 자녀를 재촉하기 바빴는데, 요새는 결혼하지 말고 네가 하고 싶은 일 마음껏 하며 살라고 말한다.

한 청년이 결혼을 생각하고 만나던 여자친구를 부모님에게 소개할 계획이라고 했다. 우리 부부는 그 청년의 이야기를 듣고 부모님이 무척 기뻐하겠다고 생각했다. 장성한 아들이 결혼하고 싶은 여자를 소개한다는데 한편으로는 떨리지만,

또 한편으로는 얼마나 좋을까 싶었다. 그런데 두 사람은 부모님을 만나고 온 후 바로 헤어졌다. 부모님은 아들의 여자친구를 흡족하게 생각하지 않았다. 만남 이후 부모님은 아들에게 차라리 그 아이와 헤어지고 네가 하고 싶은 일 실컷 하며 혼자살라고 조언해 주었단다. 그 말을 들은 청년은 부모님을 절대이길 수 없겠다 싶어서 여자친구를 자유롭게 해주기로 결심했다. 요즘 부모들은 다르다. 달라도 아주 많이 달라졌다. 어느덧 부모에게도 자식의 결혼이 필수가 아닌 시대에 들어서고있다.

결혼하지 않고 혼자 살면 바울처럼 하나님을 위해 당신이 할 수 있는 모든 것을 쏟아부을 수 있다. 하나님이 당신에게주신 재능을 남김없이 사용하게 될 것이다. 또한 분명한 목표가 생긴다면 자질구레한 제약 없이 한 곳을 향해 달릴 수 있다.그러니 일에 있어서 엄청난 성과를 낼 수 있을 테고, 그에 대한보상은 오롯이 당신의 것이다.

하지만 결혼을 하면 듣도 보도 못한 다른 세상이 열린다.혼자서는 높은 곳을 바라보는 인생을 살았다면, 둘이 함께 사는 세상은 높이와 함께 인생의 깊이와 넓이도 함께 자라난다.물론 혼자 사는 인생도 경험에 따라 깊이가 생기고 시간이 지남에 따라 시야가 넓어지지만 둘이 발맞추어 사는 인생은 뭐든지 두 배 이상이다. 이전에는 세상을 두 눈으로 봤다면, 이제는 네 개의 눈으로 보게 된다. 예전에는 내 생각만 있었다면 이제는 두 개의 뇌가 움직인다. 훨씬 더 많은 생각을 하게 되는 것이다. 나는 나름대로 사람과 인생에 대해 잘 안다고 자부했다. 그런데 결혼하고 보니 우물 안 개구리도 그런 개구리가 없었다. 다 안다고 생각한 세상은 나 하나 겨우 들어가는 항아리 정도였다. 나와 너가 얼마나 다른지, 내 세상과 네 세상이 얼마나 다른지, 같은 것을 보고도 얼마나 다르게 생각할 수 있는지 보면서 놀라고 또 놀랐다. 《화성에서 온 남자 금성에서 온 여자》라는 책 제목처럼 남자와 여자란 마치 다른 행성에서 온 생명체 같다. 같은 지역에 살아도 원주민 부족마다 삶의 방식, 생활 양식이 다 다르듯 가족마다 표현법과 문화가 얼마나 다른지, 얼마나 다르게 생각하는지 보게 되었다. 또 개개인은 얼마나 특색 있는가? 자신만의 색깔을 중요하게 생각하는 이 세상에 두 사람이 하나 되어 살다 보면 인생이 깊어질 수밖에 없다.

새 세상으로의 초대

색맹인 사람들이 보정 안경을 처음 꼈을 때의 반응을 영상으로 본 적이 있다. 그들은 하나같이 눈물을 훔치며 놀란 토끼 눈으로 안경을 썼다 벗었다 한다. "세상이 이런 색이었다고?" "이게 나뭇잎 색깔이구나!" "이 풍선이 핑크 색이라고?" "하늘이 저렇게나 파랗고 아름다웠다니!" 그러면서 꼭 하는 말이 있다. "당신들은 여태 이런 아름다운 세상을 보며 살아왔다고?" 나 또한 결혼 후에 이런 말이 절로 나왔다.

"이런 세상이 있었다고?"

부모님을 통해 본 것이 결혼의 전부라고 생각하면 오산이다. 어떤 이들은 친구나 형제자매의 가정을 보고 결혼에 대해 평가한다. 그런데 그 누구의 결혼도 당신에게 모든 것을 알려주지 못한다. 내가 직접 겪어 본 결혼은 그동안 듣고 본 것과는 아예 다른 차원이었다. 당신이 결혼하게 된다면 '이런 세상이 있었다니!' '이걸 몰랐으면 어쩔 뻔했어?' '하나님이 이래서 결혼을 만드셨군' 하고 생각하게 될 것이다.

하나님이 당신에게 허락하신 인생을 더 깊고 넓게 알고 싶은가? 그럼 해외여행도 좋고, 낯선 곳에서 한 달 살기도 좋고, 이직도 좋고, 새로운 취미 생활도 좋지만, 그 무엇보다 '결혼'으로 당신을 초대한다.

Q.

당신은 결혼하고 싶은가?

결혼하고 싶다면 그 이유는 무엇인가?

Q.

당신은 결혼을 왜 하나 싶은가?

그렇게 생각하게 된 이유는 무엇인가?

3 | 성경은 결혼을 뭐라고 말하나

당신이 생각하는 결혼이 무엇인지 알고 싶다. 연애의 끝, 자녀를 키우기 적합한 배우자와의 만남, 내 인생의 서포터를 만드는 것, 평생 친구랑 같이 살기, 하나님이 예비하신 짝 찾기 등 다양한 대답이 있을 것이다. 잠깐 책을 옆에 내려 두고, 당신이 생각하는 결혼에 대한 정의를 20자 이내로 내려 보자. 한쪽에 적어 두는 것도 좋겠다. 이제 성경은 결혼을 어떻게 정의하는지 찾아보자.

이러므로 남자가 부모를 떠나 그의 아내와 합하여 둘이 한 몸을 이룰지로다 아담과 그의 아내 두 사람이 벌거벗었으나 부끄러워하지 아니하니라 | 창 2:24-25 |

성경은 '남녀가 부모를 떠나 둘이 하나 되는 것'을 결혼이라고 말한다. 얼마나 하나가 잘됐는지 서로 벌거벗고 있어도 마치 자기 몸을 보는 것처럼 부부 사이에는 부끄러움이 없다.

이 말씀을 살펴보면 결혼에는 크게 두 단계가 있다. 먼저는 부모를 떠나야 한다. 그리고 남녀 둘이 하나되어야 한다. 갑자기 생각이 복잡해진다. 둘이 하나가 되는 것은 어떻게 노력해 보겠는데 부모는 어떻게 떠나라는 말인가? 신혼집을 부모님의 집에서 가능한 멀리 얻어야 하나? 아니면 무소식이 희소식이다 생각하고 연락을 끊고 지내라는 말인가? 제발 이런 오해는 하지 말자. 성경이 말하는 부모를 떠나라는 말은 어엿한 성인으로서 정신적, 신체적, 재정적, 영적인 모든 영역에서 독립하라는 말이다.

사람의 일생을 보자. 하나님은 사람의 시작을 남의 도움 없이는 불가능하게 만드셨다. 갓 태어난 아기는 스스로 아무것도 못한다. 그 쉬운 잠조차도 혼자 못 자서 울어 댄다. 아기를 키우면서 제일 이해되지 않았던 것이 바로 이 부분이었다. 졸리면 그냥 눈감고 자면 되지 않나? 그런데 뭐가 못 미더워 안 자고 우는지 알 수가 없었다. 이렇게 아기는 부모가 먹여 주고 씻겨 주고 입혀 주고 재워 주는 것이 당연하다.

시간이 지나면 아기가 스스로 할 수 있는 것들이 늘어난다. 젖병을 자기 손으로 잡고 우유를 먹다가, 나중에는 숟가락을 사용하고, 어느 날은 몸을 뒤집더니 걸음마를 시작하고, 기저귀를 떼고 팬티를 입기 시작한다. 이 정도가 되면 부모의 입에서 이제 다 키웠다는 말이 나온다. 아무것도 할 줄 몰랐던 갓난아기 때를 생각하면 정말 능력 있는 사람으로 자랐다. 그런데 아이를 학교에 보내기 시작하면 부모는 또 다른 걱정을 한다. 여태까지 고민했던 먹고 자고 싸는 건 별 문제가 아니었다. 앞으로는 학업을 따라가야 한다. 아직도 아이에게 가르칠 것이 한참 남았다.

한번은 두 아이를 키우면서 그런 적이 있다. 둘째는 아기 띠로 안고, 걸을 수 있는 첫째는 손에 잡고, 남은 한 손으로는 기저귀 가방을 들고 낑낑거리며 가고 있었다. 그런데 내 모습을 보신 교회 어른들이 "그래도 지금이 좋아. 애들이 커서 사춘기 오면 정신적으로 힘든 건 말도 못 해요. 몸이 고생하는 게 훨씬 낫지" 하셨다. 그 말을 듣고 나는 그 자리에서 주저앉을 뻔했다. 그래도 애들이 좀 크면 삶이 나아지겠지 생각하며 정신을 붙잡고 살고 있는데 그 말은 너무 가혹했다. 지금 내가 얼마나 힘든데. 잠도 편히 못 자서 몸이 부서질 지경인데, 어른들은 이미 지나간 일이라고 이때 힘든 걸 다 잊었나 싶었다.

그런데 시간이 지나 아이들이 사춘기에 접어드니 어른들 말씀이 맞았다. 호르몬이 격변하는 청소년 시기 자녀들은 정말 속이 터진다. 키가 부모보다 크다고 마음까지 큰 건 아니다. 그런데도 자기들은 다 컸다고 생각하면서 어떻게든 부모 슬하를 떠날 준비를 한다. 걸핏하면 자유를 꿈꾸면서 '내가 기필코 이 집구석을 떠나리라' 하는 생각을 하니 부모 잔소리가 들리겠는가? 그렇지만 여전히 그들은 부모의 보호가 필요하다. 아침에 깨워 줘야 일어나 학교에 가고, 밥을 차려 줘야 먹고, 옷도 챙겨 줘야 제대로 입는다. 물론 아기 때에 비해 할 수 있는 일이 월등히 많아졌지만 부모의 도움 없이는 살아갈 수 없다.

북한군도 무서워한다는 사춘기까지 다 보냈다. 이 무서운 시절에도 한결같이 품어 주신 부모님께 감사하자. 자녀도 몇 번이나 그 집을 떠나고 싶었겠지만, 부모님은 오죽했겠는가. 저 자녀로부터 언제나 자유로워질까 부모님도 생각하셨다. 이제는 모두에게 좋은 독립의 시간이 왔다. 독립, 한자 뜻 그대로 풀이하자면, 이제 스스로 설 수 있는 인간이 되었다는 말이다. 아프면 스스로 병원에 찾아가고, 처방받아 약 챙겨 먹으며 자기 몸을 돌볼 줄 알게 되었다. 배가 고프면 자기 손으로 만들어 먹든지, 배달해 먹든지, 나가서 사 먹을 수 있다. 자기가 쓸 돈은 스스로 벌 줄 알고, 취향에 맞게 자신을 가꿀 줄도 안다. 성인이 되었는데 아직도 "엄마, 나 오늘 뭐 입어?"를 묻고 있다면 결혼은 생각도 하지 말고 독립부터 하자.

정신적 독립 : 문제는 스스로 해결하라

당신은 모든 면에서 부모님을 떠나 독립했는가? 첫째로, 정신적으로 독립했는지 점검해 보자. 지금 인생에 작은 문제가 생겼다. 어떻게 해결할 것인가? 조언을 얻을 만한 사람을 생각해 내서 전화를 걸거나, 인터넷에 관련 정보를 검색해 보고 스스로 해결법을 찾아간다면 잘 컸다. 그런데 작은 문제에도 스스로 해결할 시도는 아예 하지 않고 당장 부모님에게 전화해 징징대며 해결해 달라고 한다면 결혼은 아직 멀었다. 성숙한 어른은 자신에게 닥친 문제를 파악하고 분별해서 결단한 바를 실행에 옮길 수 있어야 한다.

신혼부부들이 헤어지는 많은 이유 중 하나가 둘의 문제를 둘이 해결하지 못하는 데서 발생한다. 신혼 때는 자주 싸운다. 초반에는 서로에 대해 모르는 것도 많고 맞춰 가야 하는 것이 많으니 싸움이 나는 것이 당연하다. 각자 바람에 흔들리는 꽃잎처럼 아무 제약 없이 폴랑폴랑 걷다가 둘이 발 하나씩을 내어 서로 묶기로 약속하고 이인삼각을 시작했다. 잘해 보리라 마음은 먹었지만 한 번에 발맞춰 걸을 수 있겠는가? 당연히 걷다 보면 언쟁이 나고 화가 치밀어 오른다. '왜 나를 이해해 주지 못할까?' '어떻게 그렇게 말할 수 있을까?' '좀 천천히 갈 수는 없는가?' '왜 빨리 따라오지 않는가?' 원망이 생기고 후회가 밀려온다.

그런데 중요한 건 다음이다. 그날의 싸움은 해가 지기 전에 해결하고(엡 4:26) 발목을 묶은 채로 한 침대에 누워야 한다. 진짜 문제는 싸움이 났다고, 기분이 나쁘다고 한 명이 발목에 묶은 끈을 풀고 부모의 집으로 달려가 버릴 때 벌어진다. 이러면 다음 경기는 정말 어렵다. 이인삼각도 어려운데 도대체 삼인사각, 사인오각까지 할 셈인가? 부모를 끌어들여 더 큰 문제로 번질 때 신혼부부는 흔들린다. 당신은 살면서 문제가 발생하면 적극적으로 다가가서 해결하는가, 기준이 없어서 머뭇거리는가? 아니면 결과에 대한 책임이 두려워 결단을 내리지 못하는가? 문제가 생길 때마다 부모 등 뒤에 숨어 해결을 떠넘겼거나 못본 척 덮어놓았다면 이제는 달라질 때다. 성인이 되었으니 스스로 문제와 맞닥뜨리는 연습을 해보자.

신체적 독립: 내 몸을 소중히 여기라

둘째로, 신체적으로 독립했는지 살펴보자. 자기 몸은 자기가 챙길 줄 알아야 신체적 독립이다. 나이가 들었는데도 부모가 끼니를 챙겨 줘야만 밥을 먹거나, 아프면 꼭 부모 손을 잡고 병원에 가야 하는 사람은 성인이 아니다. 누군가가 옆에서 손발이 되어 주어야 살아갈 수 있다면 이제는 다른 사람을 위해 자신의 손발을 쓸 줄 아는 사람이 되길 바란다.

가끔 아침밥을 차려 주는 사람과 결혼하는 것이 로망이라고 말하는 사람들이 있다. 나도 아침밥을 먹어야만 하루를 시작할 수 있는 사람이라 어느 정도는 이해할 수 있다. 하지만 누군가가 나를 위해 애쓰고 힘쓰는 것이 결혼의 이상이라면 그 생각은 고쳐야 한다. 아침밥을 꼭 먹어야 한다면 스스로 차려 먹을 수 있는 사람이 독립한 어른이다. 어떤 사람은 물론 나도 할 수 있지만 배우자가 해주면 얼마나 좋겠느냐고 말한다. 그런데 그 말은 당신 스스로 챙겨 먹을 생각은 않고, 밥 차리는 일은 배우자의 몫이라고 생각하면서 얻어먹을 생각만 하는 것과 같다. 고작 배우자에게 밥 얻어먹는 것이 당신이 꿈에 그리는 결혼이라면, 과연 신체적으로 독립한 것이 맞는지 생각해 봐야 한다. 차라리 죽는 날까지 부모님 집 밥솥에서 나오는 아침밥을 먹든지, 신체적으로 더 성장하든지 해야 한다.

그렇다고 배우자에게 아침밥을 챙겨 줄 필요가 없다는 말이 아니다. 다만 그 호의를 받는 사람의 마음가짐이 중요하다. '내 꿈이었으니 이 정도는 당신이 해줘야지' 같은 생각은 틀려먹었다. 가만히 앉아서 상대의 호의를 당연하게 받는 것이 아니라 그 수고와 노력을 감사히, 소중히 여기면서 상대를 위해 본인도 기꺼이 노력할 줄 알아야 한다.

또 한 가지, 신체적 독립의 요건은 자기 몸을 소중히 여길 줄 아는 것이다. 꼭 몸에 유익한 것을 챙겨 먹는 것만이 몸을 소중히 여기는 것이 아니다. 나는 덧니가 있었다. 교정을 할까 말까 고민하다가 20대 중반에서야 시작했다. 그런데 그 과정이 얼마나 아프던지, 내가 무슨 부귀영화를 누리겠다고 이 나이에 치아에 철사를 씌웠나 후회도 했다. 하지만 시작했으니 끝을 봐야 하지 않겠는가? 그래서 할 수 없이 1년 동안 그 고통을 감내했다. 그런데 이렇게 입안을 뒤흔드는 일을 하면서 배운 것이 있다. 하나님의 창조가 어마어마하다는 사실이다. 치아는 시간이 지나면 순서대로 빠지고 빈자리에 새 치아가 나오는 것 같지만, 거기에는 기가 막히도록 세심한 하나님의 창조 원리가 들어 있다. 치아 중에 하나라도 삐죽 튀어나오면 아무리 턱을 이리저리 움직여도 아래위 치아가 맞닿지 않는다. 그렇게 되면 오로지 튀어나온 치아에 의지해 음식을 씹어야 한다. 그런데 우리 치아는 그런 것을 고려해서 윗니와 아랫니의 튀어나오고 들어간 부분이 톱니바퀴처럼 들어맞는다. 그 덕분에 질긴 고기도 곱게 씹어 삼킬 수 있다.

이렇게 인간의 치아 하나도 화성에 로켓을 쏘는 것처럼 엄청난 계산을 마치고 로뎅의 조각품처럼 세심하게 빚어져서 나오는 것이다. 그뿐만이 아니다. 교정이 끝날 때쯤 치아에 붙여 놓았던 브래킷을 제거하면서 의사 선생님이 남은 접착제까지 깔끔하게 다듬어 주었다. 그 덕에 치아 표면이 아주 매끈해졌다. 그런데 이게 아주 좋은 것이 아니었다. 음식을 먹으면 고춧가루 같은 것이 자꾸 달라붙었다. 사실 우리 치아 표면은 미세하게 까끌거려서 음식이 잘 달라붙지 않는다. 치아의 표면에도 하나님의 섭리가 담겨 있었다니, 도대체 우리의 온몸은 얼마나 대단하단 말인가!

그뿐인가? 인간은 저마다 특별한 외모를 가지고 있다. 누구나 눈, 코, 입에 팔 두 개, 다리 두 개인 것 같지만, 사람마다 생김새와 풍기는 이미지가 다르다. 이것은 하나님이 직접 디자인해 만들어 주신 작품이라서 그렇다. 그러니 우리는 하나님의 작품을 소중하게 여길 줄 알아야 한다. 당신의 손은 너무 소중하기 때문에 아무에게나 내주어서는 안 된다. 당신의 입술 또한 너무 소중하기 때문에 뽀뽀를 해보고 싶다는 호기심에 무심코 내주어서는 안 된다. 당신의 따뜻한 품은 너무 소중하기 때문에 아무나 덥석 안아 주어서는 안 되고, 당신의 살결은 너무 소중하기 때문에 아무에게나 만져 보도록 허락해 주어서는 안 된다. 당신이 자기 몸을 머리끝부터 발끝까지 소중하게 여겨야 남들도 소중하게 여긴다.

당신은 당신의 몸을 소중히 여기는가? 그렇다면 신체적 독립이 가능하다. 아직 내 몸을 소중히 여길 줄 모른다면 당신을 하나님 다음으로 가장 소중히 여기시는 부모님 밑에서 그 소중함을 더 배우고 독립하기 바란다.

영적 독립: 내 기도는 스스로 하라

셋째로, 영적으로 독립했는지 살펴보자. 당신은 영적으로 독립했는가? 스스로 하나님과의 관계를 점검하는가? 예배 시간을 소중히 여기고 시간 맞춰 준비하여 나가는가, 아니면 부모님의 성화에 못 이겨 부모님을 위해 교회에 나가 주는 것인가? 스스로 성경을 펴서 읽고 묵상하는가, 아니면 주일에 목사님의 입을 통하여 듣는 하나님 말씀이 내가 가진 말씀의 전부인가? 그것도 졸다가 다 놓치고 오는가? 하나님께 드리는 헌금을 헌금함 앞에서 대충 꺼내서 구겨 넣는가, 아니면 미리 예배당에 가기 전에 스스로 준비하는가? 하나님과 대화 나누는 기도 시간을 소중히 여기는가, 아니면 부모님의 기도로 사는가?

어떤 이들은 자신은 부모님의 기도로 살아간다며 자랑 아닌 자랑을 한다. 슬쩍 들으면 굉장히 영적인 말처럼 들리지만, 깊이 생각해 보면 소방차 사이렌이 귀를 때리듯 위험을 알리는 신호다. 자녀를 위해 기도해 주시는 부모를 만난 것은 크나큰 복이다. 하지만 그 덕분에 산다는 말은 '나는 기도를 안 하고 있지만, 부모님이 나를 대신해서 밤낮으로 기도해 주시니 든든합니다'로 해석된다.

기도가 무엇인가? 기도는 하나님과 나누는 대화다. 대화는 당사자들끼리 서주 마주하고 하는 것이다. 즉 기도란 하나님과 당사자가 직접 이야기 나누는 것이어야 한다. 그런데 당사자는 손 놓고 제삼자가 대신해서 하나님께 이야기하고 있다는 것은 "저는 아버지와 대화를 안 한 지 오래됐습니다. 하지만 저를 대신해서 제 형님이 하루도 빼놓지 않고 제 소식을 아버지께 전해 주십니다. 형님이 계셔서 든든합니다"라는 말과 다르지 않다. 이게 말인가 말밥인가? 주위 사람들에게 이렇게 말해 보라. 아버지랑 무슨 일이 있었냐고, 왜 아버지께 직접 말씀드리지 않느냐며 의아해할 것이다. 지금까지 부모님이 당신을 대신해서 당신의 안부를 전하시도록 했다면 이제는 스스로 하나님께 기도하기 바란다. 하나님도 많이 기다리셨다.

재정적 독립: 가계부를 기록하라

마지막으로, 재정적으로 독립했는지 점검해 보라. 특별히 이 영역만큼은 세상 모든 자녀가 부모로부터 독립하길 바란다. 물론 현실적으로 정말 어려운 일인 걸 안다. 누구든 마음만큼은 성인이 되었으니 충분한 돈을 벌어서 내 앞가림을 하고, 부모님에게도 용돈을 드릴 수 있길 바랄 것이다. 그뿐인가? 내 집도 마련하고, 세간살이도 스스로 마련하고, 결혼식 비용까지 거뜬히 감당할 수 있으면 더할 나위 없을 것이다. 나도 그랬다. 그런데 만약 이 모든 걸 스스로 할 수 있을 때까지 기다렸다면 지금까지 결혼을 못했을 것이다.

실제로 젊은 나이에 이 모든 것을 스스로 하고 결혼하는 사람은 거의 없다. 사회가 그렇고, 상황이 불가능에 가깝다. 그렇지만 우리가 한 가지는 분명히 할 수 있다. 재정적인 독립을 사명으로 생각하는 것이다. 부부가 최선을 다해 일하고, 분에 넘치는 선택을 하지 않고, 부모님께 손 벌리는 것을 당연히 여기지 않기로 결심하는 것이다. 하나님은 항상 마음을 꿰뚫어 보신다. 당신이 마음으로 재정적 독립을 추구한다면 이미 그 일은 시작되었다.

현재까지 스스로 재정을 관리해 본 적이 없는가? 기본 중에 기본인 가계부 쓰기를 시작하자. 특별히 들어오는 것도 많지 않고, 나가는 것도 별것 없어서 가계부에 쓸 것이 별로 없다고 말하는 사람들이 많다. 하지만 매일 커피도 마시고, 지하철도 타고, 인터넷 쇼핑도 다 돈으로 한 것 아닌가? 작은 돈이라고 우습게 여기지 말고 전부 기입하기 바란다. 개인적으로는 가계부 애플리케이션을 추천한다. 어디서든지 돈을 쓰자마자 스마트폰으로 바로바로 기입할 수 있고, 적어 놓은 것을 잃어버릴 염려도 없다. 게다가 기록이 쌓이면 평소에 어떻게 소비하고 있는지 변화의 추이까지 점검할 수 있다. 꼭 시작하기 바란다.

아울러 부모님에게 재정 관리에 대해 가르쳐 달라고 여쭤보길 바란다. 부모님은 기꺼이 평생의 노하우를 자녀에게 나눠 주실 것이다. 또한 교회 어른들에게 멘토가 되어 달라고 부탁해도 좋다. 젊은이가 초롱초롱한 눈으로 다가와 한 수 배우고 싶다고 하는데 냉정하게 내칠 어른은 없다. 무언가를 뽑아내려는 사람과 배우려는 사람의 눈빛은 아예 다르다. 초면에 자기 사업 계획서를 들이미는 실수만 하지 않으면 재정적으로 독립하신 분의 노하우는 얼마든지 들을 수 있을 것이다.

당신은 부모로부터 정신적, 신체적, 재정적, 영적인 모든 영역에서 독립했는가? 지금은 도움을 받고 있지만 앞으로 독립이 가능한가? 성인으로서 부모로부터 독립이 가능하다면 축하한다. 이제는 독립된 남녀 둘이 만나 하나가 될 수 있다. 반면에 아직 부모와 떨어지지도 못했는데 또 다른 사람과 하나됨을 이루려 한다면 큰일이다. 샴쌍둥이처럼 오묘하게 넷이 붙어서 둘도 아니고 셋도 아닌 기괴한 형체가 될 것이다. 하나가 되어야 할 부부가 재정으로는 각자의 부모와 손이 붙어 있고 영적으로는 각자의 부모와 가슴이 붙어 있다고 생각해 보라. 상상만 해도 기괴하다. 게다가 정신적으로, 신체적으로 머리와 팔다리까지 붙어 있으면 큰일이다. 결혼 생활의 거의 대부분 문제는 이 부분이 해결되지 않아서 일어난다. 부모로부터 독립! 명심하자.

Q.

당신이 생각하는 결혼은 무엇인가?

20자 이내로 말해 보라.

Q.

나는 정신적, 신체적, 재정적, 영적인 영역에서 부모로부터 독립했는가? 만약 아니라면 어떤 영역에서 독립이 필요한가? 왜 그렇게 생각하는가?

4 | 내 반쪽인지 어떻게 알았을까

성경은 당신에게 필요한 모든 것이 담겨 있는 책이다. 당신이 잃어버리고 살았던 하나님 아버지에 대해 상세하게 설명해 주고, 그분이 당신을 얼마나 사랑하시는지, 당신을 위해 무엇을 하고 계신지도 알려 준다. 또 세상에서 가장 두렵고 무서운 죽음을 이기는 길을 말해 줄 뿐만 아니라 이 땅을 어떻게 살아가야 하는지도 가르쳐 준다. 진심으로 이 책에는 당신에게 가장 중요한 것들이 다 들어 있다. 그러니 당신이 몹시 알고 싶은 연애와 결혼에 대해서도 상세하게 나와 있음은 물론이다.

성경에 나오는 결혼의 첫 주인공을 살펴보자. 그들은 창세기에 나오는 아담과 하와였다. 하나님은 아담을 먼저 만드시고, 시간차를 두고 하와를 만드셨다. 나만의 생각이지만, 처음부터 둘을 동시에 만드셨다면 남매처럼 살지 않았을까 싶다. 그런데 너무도 정확하신 하나님이 시간차를 두고 창조하신 덕분에 아담과 하와는 극적이고 눈부신 첫 만남의 추억을 만들 수 있었다. 아담은 하와를 처음 만난 날, 그녀에게 첫눈에 반했다. 귀에서 종이 울리고 상대에게서 후광이 보이는 놀라운 일을 경험했다. 아담은 그녀를 보는 순간 바로 자신의 반쪽임을 알았다. 하와도 아담이 잠에서 깨기 전까지 '저 남자가 나를 어떻게 생각할까' 하며 설렜을 것이다.

어떤 이는 둘뿐이라서 사랑에 빠졌을 거라고 하는데 사람은 그렇게 단순한 존재가 아니다. 둘만 있다고 사랑에 쉽게 빠지면, 몇 년이 지나도 커플이 나오지 않는 청년부는 어떻게 설명할 것인가? 사람은 자기 짝을 만나야 사랑에 빠진다. 그런데 아담과 하와는 보자마자 사랑에 빠졌다. 사랑에 빠진 남녀가 그 아름다운 에덴동산에서 했던 데이트는 또 얼마나 재미있었을까 싶다. 다양한 과일을 먹고, 강물에서 수영도 하고, 조개도 캐서 구워 먹고, 동물들 이름도 지어 주고, 눈밭에서 썰매도 타고, 아름다운 노을도 구경하는 재미로 하루하루가 즐거웠을 것이다.

그런데 선악과 사건으로 둘의 사이가 갈라졌을 때는 그 모든 재미가 한순간에 파사삭 깨지고 말았다. 하나님 앞에서 신랄하게 아내 탓을 하는 아담을 보면 "내 뼈 중의 뼈요 살 중의 살이라"(창 2:23)라면서 기가 막힌 세레나데를 부르던 모습은 온데간데없다. 죄가 들어오면 부부 사이도 이렇게 갈라진다.

이삭과 리브가의 만남도 놀랍다. 이삭은 배우자를 선택하는 일을 전적으로 주님께 맡겼다. 물론 아버지 아브라함의 주도하에 일이 진행되었다. 아브라함은 이삭의 배우자를 찾기 위해 종 엘리에셀을 고향으로 보낸다. 결혼 당사자도 아니고, 아버지도 아니고 종이 도련님의 배우자를 구하러 가다니, 그 중요한 일을 맡은 엘리에셀도 부담이 이만저만 아니었을 것이다. 그런데 이삭은 아버지가 하시는 일을 다 알고 있으면서도 그런 방법으로는 절대로 결혼할 수 없다며 난리 치지 않았다. 엘리에셀의 안목을 어떻게 믿을 수 있냐며 열 내지도 않았다. 오히려 집에 조용히 앉아 하나님을 묵상하며 하나님이 하시는 일을 기다렸다. 그의 아내 리브가도 정말 용감한 여자다. 하나님이 하시는 일을 목도하면 앞뒤 재지 않고 "Go!"를 외치는 결단력 있는 여성이다. "죽으면 죽으리이다"(에 4:16)를 외쳤던 에스더를 연상케 한다. 그녀는 남편 될 사람의 얼굴을 보지도 않았다. 엘리에셀과의 만남이 하나님의 인도하심이라고 믿고는 단박에 만난 적도 없는 남자와 결혼하겠다고 결심했다. 그리고 뒤돌아보지도 않고 엘리에셀을 따라나섰다. 이 용감한 두 사람의 만남은 자세히 연구해 볼 만한 대목이다.

숟가락과 젓가락 같은 부부

신약에도 여러 부부가 등장한다. 그중에 브리스길라와 아굴라 부부는 하나됨에 있어서 최고의 모범이다. 이 부부는 바울과 동종 직업에 종사했다. 천막을 만드는 일이 생업이었고, 전도에 대한 열심도 바울과 똑같았다. 그래서 그들은 함께 다니며 예수를 전하는 전도자가 되었다. 이 부부의 하나 됨을 잘 보여 주는 한 사례가 있다. 브리스길라와 아굴라가 아볼로를 만났다. 아볼로는 세례 요한은 알지만 예수님을 잘 모르는 사람이었다. 그 부부가 어떻게 했을까? 아볼로를 자기 집에 초대하여 밥을 먹이며 예수님을 소개하고 전도한다(행 18:24-26). 원래 집 안에 한 사람만 반대해도 초대는 어려운 일이다. 그런데 이 부부는 손발이 딱딱 맞았다. 어떻게든 데려가서 밥을 먹이며 식사 자리에서 자연스럽게 예수님을 전하는 것이 이 둘의 방법이었다.

이 부부의 하나 됨은 완전하다. 바울의 편지에도 브리스길라와 아굴라의 이름이 떨어져서 나온 적이 없다. 숟가락과 젓가락, 감자튀김과 케첩, 김장김치와 수육처럼 완전한 한 세트를 보여 준 귀한 모범이다. 그런데 아쉬운 점은 이들이 어떻게 만났는지는 성경에 나오지 않는다. 원래 연애에 대해서 이야기를 들어 보려면 "어떻게 만나셨어요?" "어떻게 서로가 짝인 줄 아셨나요?" "누가 먼저 사귀자고 했어요?" 같은 질문들을 해야 하는데, 브리스길라와 아굴라의 연애 이야기는 천국에서나 들을 수 있겠다.

행복한 부부를 보면 만남부터 연애, 결혼까지 통째로 다 알고 싶지 않은가? 그런데 성경에서 기가 막힌 이야기를 발견했다. 바로 룻과 보아스의 이야기다. 단언컨대 룻기는 하나님이 특별히 우리에게 주신 연애 상세 페이지 같다. 인터넷으로 상품을 주문할 때도 상세 페이지를 샅샅이 살피고 해야 후회가 없듯, 연애하기 전에 몇 번이고 묵상하며 공부하면 유익할 연애 상세 페이지가 룻기다. 지금부터 룻기를 통해 결혼을 앞두고 해야 할 준비, 썸, 연애, 그리고 우리의 목표인 결혼까지 짚어 보려고 한다.

PART 2.

연애할 준비

5 | 주위에 도무지 사람이 없다

슬며시 외롭다는 생각이 든다. 친했던 친구에게 연인이 생기고, 꽁냥질이 시작되면 마음에 슬슬 불이 일어난다. 거기다 친구들이 하나둘 결혼하기 시작하면 마음이 급해진다. 나도 바짝 시동을 걸어야 하나 생각한다. 그런데 방법을 모르겠다. 내 반쪽은 도대체 어디에 있단 말인가! 나의 님을 찾아 도대체 어디로 가야 한단 말인가!

어디로 가야 할까

나이는 어느 정도 찼는데 여전히 솔로인 청년들을 만나

보면 이런 말을 많이 한다.

"아차 하는 순간 싱글인 친구가 주위에 몇 명 안 남는 때가
와요."

이 넓은 세상에 나를 사랑해 주는 한 사람, 그 한 명이 없나
싶어 자괴감도 든단다. 당장 썸도 타고 싶고, 연애도 하고 싶은
데 사람이 없다. 직장에는 또래가 없고, 교회도 만날 그 나물에
그 밥이다. 누가 있어야 뭐라도 하지 않겠는가. 만날 똑같은 사
람만 만나고 있는데 무슨 새로운 일이 있겠는가.

적극적으로 내 짝을 찾기 위해 소개팅을 해 보자 마음먹
는다. 친구들에게 좋은 사람이 있으면 소개 좀 해 달라고 말해
본다. 그런데 요즘처럼 바쁜 세상에 자기 것 챙기기도 힘든데
남의 연애에 관심 주는 사람이 없다. 또 사람을 소개해 줘도 고
맙다는 말 듣기가 쉽지 않다. 괜히 그 어려운 일에 나섰다가 왜
이런 사람을 소개해 줬냐느니, 날 뭘로 보냐느니 욕 먹기 십상
이다. 그러니 요즘은 자기 시간을 들여 가며 복잡한 오작교 역
할을 하는 사람이 없다. 그래서 말인데, 혹시라도 누가 사람을
소개해 준다면 무조건 감사해야 한다. 그 친구에게 "너는 눈이
있니, 없니?" 같은 몰상식한 말을 절대로 해서는 안 되고, 상대
가 좋든 싫든 감사하고 또 감사해야 한다. 소개팅 자리에서도

주선자의 한량없는 은혜를 생각하며 세상에서 제일가는 예의 바른 사람, 매너 있는 사람으로 행동해야 한다. 복잡하고 머리 아픈 인생에서 당신을 위해 이런 자리를 마련했다는 것만으로도 엄청나게 고마운 일이니 말이다.

주위에 소개해 준다는 사람도 없고, 내 활동 반경 안에 연애하고 싶은 사람도 보이지 않는다. 그러면 마음이 싱숭생숭할 것이다. 애먼 이직 생각을 하다가 교회를 옮길까 싶은 마음도 든다. 새로운 취미를 시작해 볼까 싶다가, 데이트 애플리케이션도 만지작거려 본다. 이렇게 가만히 있다가는 좋은 사람은 다 남의 사람이 될 것 같다.

자리라도 바꿔 봐야 할까

모압 여인 룻은 유대 베들레헴 사람과 결혼했다. 모압에 살긴 하지만 이제는 유대 집안 사람인 셈이다. 게다가 모압 땅에서는 섬기지도 않는 하나님을 섬기는 남편과 결혼했기 때문에 룻도 덩달아 하나님을 섬기는 여인이 되었다. 사는 방법도 전통도 문화도 다 달라졌다. 아마도 룻은 결혼하면서 나름 큰 결심을 했던 것 같다.

그런데 더 큰일이 생겼다. 남편이 죽은 것이다. 시아버지가 돌아가시더니 남편도 죽고 남편의 형제도 죽었다. 재앙 같은 일이 연달아 일어났다. 이제 집에는 시어머니와 며느리 둘, 딱 세 여자만 남았다.

다행히 유대 전통에는 남편이 아들 없이 죽더라도 대를 이을 길이 있었다. 고엘 제도라는 게 있어서 과부가 된 며느리는 남편 집안에 다른 형제가 있다면 그 형제와 재혼해서 대를 이을 수 있었다. 또 형제가 없으면 가까운 친척과 재혼할 수도 있었다. 그런데 이 집안의 문제는 남은 남자가 아예 없다는 것이었다. 이 가족만 유대 베들레헴에서 모압 땅으로 이민 왔으니 주위에 친척도 없다.

상황이 이쯤 되니 시어머니가 결단을 내렸다. 홀로 남은 며느리들에게 얼른 친정으로 돌아가서 새출발하라고 한다. 혹시 당신의 소망 없는 상황이 룻과 비슷한가? 주변에 괜찮은 사람이 보이지 않으면 결단을 내려야 한다. 지금 있는 자리를 바꿔 봐야 하지 않을까?

Q.

내가 속한 자리는 어디인가?

예) 가정 / 학교 / 동아리 / 교회 / 학원 / 직장 등

Q.

주위에 사람이 없다. 마음에 드는 사람도 없고 새로운 사람이
나타날 기미가 보이지 않는다. 어떻게 이 상황을 돌파할 것인
가? 내가 속한 자리 중에 어떤 자리를 바꾸면 새로운 사람이
나타날 것 같은가?

6 | 일단은 여기에서 좋은 사람이 되자

기룐과 결혼했던 며느리 오르바는 시어머니의 떠나라는 말을 듣고 엉엉 울었다. 만감이 교차했을 것이다. 그녀는 결국 시어머니에게 큰절을 올리고 떠났다. 헤어짐은 슬프지만 그녀는 떠나야 했다. 이 상황을 돌파하려면 과감한 자리 이동이 필요했다. 소망 없는 집안에 계속 붙어 있다고 무슨 일이 일어나겠는가? 떠나는 것이 현명한 선택일 수 있다. 거기다 경험 많은 시어머니가 며느리를 위해 한 말이니 순종하는 것도 미덕이다.

그런데 룻의 반응은 달랐다. 이 소망 없는 자리를 지키겠다고 시어머니를 꽉 붙든다.

지금의 자리를 떠나지 않은 룻

룻이 이르되 내게 어머니를 떠나며 어머니를 따르지 말고 돌아가라 강권하지 마옵소서 어머니께서 가시는 곳에 나도 가고 어머니께서 머무시는 곳에서 나도 머물겠나이다 어머니의 백성이 나의 백성이 되고 어머니의 하나님이 나의 하나님이 되시리니 어머니께서 죽으시는 곳에서 나도 죽어 거기 묻힐 것이라 만일 내가 죽는 일 외에 어머니를 떠나면 여호와께서 내게 벌을 내리시고 더 내리시기를 원하나이다 하는지라 | 룻 1:16-17 |

룻은 아주 대단한 여자다. 이대로 가다간 시어머니랑 둘이 살아야 하는데 죽어도 어머니를 떠나지 않겠다고 말한다. 살다가 정 힘들면 친정으로 돌아갈 수도 있을 텐데, 자기는 절대로 안 떠난다고 장담한다. 자기가 시어머니를 떠나는 일은 죽는 일 외에 없을 거라고, 그게 아니라면 벌을 내리시라고 하나님께 큰소리까지 친다. 그게 끝이 아니다. 시어머니에게 다시는 저더러 떠나라는 말을 하지 말라며 입을 막아 버린다.

아무튼 룻은 희한한 여인이다. 시어머니가 그렇게 좋은 사람이었나? 아니면 룻이 착해서였을까? 알 수가 없다. 지금은 여러 감정이 복합적이라 그럴 수 있을지 몰라도, 사람 일은 모르지 않나? 그리고 솔직히 지금이 시어머니가 열어 주신 절호의 기회가 아닌가? 홀로 된 시어머니 가슴에 못 박고 훌쩍 떠나는 것도 아니고, 시어머니가 먼저 자기 입으로 며느리에게 떠나라고 해주었다. 떠나는 사람으로서는 평생 죄책감 없이 떠날 수 있는 유일한 기회다. 그런데 룻은 그 기회를 차버렸다. 지금 있는 이 자리에 죽어도 있겠단다.

그녀가 계속 머물겠다고 한 자리는 어디일까? 바로 하나님을 섬기는 자리이자 나오미의 며느리 자리다. 그녀는 그 자리를 지키기로 선택했다. 그녀의 고향은 이방 신을 섬겼다. 돌아가서 하나님을 계속 섬기기란 쉽지 않은 일이다. 그녀는 하나님과 더욱 가까운 자리를 택했다. 그녀는 하나님이 허락하신 자리에 머물렀다. 그리고 혼자 먼 길을 쓸쓸히 가야 하는 어머니를 그냥 볼 수 없었다. 룻의 말을 들은 나오미의 기분이 어땠을까? 세상에 이런 며느리가 어디 있을까 생각했을 것이다. 나오미가 며느리들에게 다 친정으로 돌아가라고 큰소리는 뻥뻥 쳤지만, 사실 남편에 자식까지 잃고 얼마나 외롭고 괴로웠겠는가? 모압으로 이민 오던 날은 네 명이었지만, 이제 홀로 고향으로 돌아가야 한다. 그 발걸음은 천근보다도 무거웠을 것이다. 그런데 룻이 자기 곁에 남아 준단다. 얼마나 고맙고 든든했을까 싶다. 룻은 그녀가 있던 자리에서 정말 좋은 사람이었다.

배우자를 만나기 위해 있던 자리를 옮겨 볼까 생각했다면 최후의 보루로 남겨 두자. 그것은 가장 나중에, 가장 마지막에 쓸 수 있는 방법이다. 우선 해야 할 일이 있다. 지금 있는 자리에서 좋은 사람이 되어야 한다. 내가 속한 자리를 살펴보자. 가족, 직장, 운동 모임, 교회 등이 있을 것이다. 거기서 좋은 사람이 되는 것이 먼저다. 교회에서 예배가 끝나면 벌떡 일어나서 그냥 쌩하고 나가는 것이 아니라, 의자도 치우고, 주보도 정리해 보자. 교회에 일찍 와서 예배 준비를 도와주는 것도 좋은 방법이다. 소그룹 멤버가 생일을 맞으면 커피도 한 번씩 사 보자. 또 새로운 사람에게 말 한마디라도 친절하게 붙여 보자. 좋은 사람이 되는 방법은 이것 말고도 무궁무진하다.

직장에서도 마찬가지다. 힘든 일은 어떻게든 빠져나가려고 한다든지, 누구보다 쉬운 일을 하려고 기를 쓰는 사람은 좋은 사람이 아니다. 말과 행동이 다른 사람, 항상 짜증이 가득해서 일을 부탁하기도 어려운 사람이 아니라, 맡은 일은 똑바로 하고 직장 동료들이 함께 일할 맛 나게 하는 사람이 좋은 사람이다.

가족에게 좋은 사람이 되는 것은 그 무엇보다 어려운 일이다. 그런데 기억할 것은 항상 시작은 한 걸음부터라는 사실이다. 부모님과 떨어져 산다면 전화 한 번 더 드리고, 같이 지내고 있다면 집에 들어갈 때 맛있는 간식 하나 사서 들어가 보자. 귀찮다고 툴툴거리지 말고 부드럽게 말하고, 먹은 것은 스스로 치우고, 빨래는 빨래통에 잘 넣는 사람이 좋은 사람이다.

좋은 사람이 되고 싶어서 안 하던 일을 하면 주위에서 "너 죽을병 걸렸냐? 왜 안 하던 짓을 해?" 같은 시답잖은 소리를 들을 수 있다. 그런 소리를 듣더라도 위축되지 말자. 주변 사람들이 처음에는 '잘못 봤나?' 싶다가, 두 번 보면 '이상하다?' 하겠지만, 세 번 보면 '쟤가 정말 달라졌네!' 생각할 것이다. 그러니 좋은 사람이 되기 위한 도전을 멈추지 말자. 주님은 당신 안에 이미 새 일을 시작하셨다.

보라 내가 새 일을 행하리니 이제 나타낼 것이라 너희가 그것을 알지 못하겠느냐 반드시 내가 광야에 길을 사막에 강을 내리니 장차 들짐승 곧 승냥이와 타조도 나를 존경할 것은 내가 광야에 물을, 사막에 강들을 내어 내 백성, 내가 택한 자에게 마시게 할 것임이라 이 백성은 내가 나를 위하여 지었나니 나를 찬송하게 하려 함이니라 | 사 43:19-21 |

사람은 절대 안 바뀐다고 말하지만, 하나님을 만나면 바

뛴다. 광야에 길을 내고 사막에 강을 만드시는 분이 하나님이다. 하나님을 만나서 변한 사람이 한둘인가? 예수 믿는 사람은 다 잡아 죽이는 줄 알았던 바울도 바뀌었고, 화가 많고 참을성이라고는 하나도 없던 요한과 야고보도 바뀌었다. 요한이 누구인가? 예수님이 십자가에 달리셨을 때 어머니 마리아를 맡긴 사람이다. 그런 그의 별명이 '우뢰의 아들'이었다는 사실이 새삼스럽다. 당신도 성령의 인도하심을 따라 행동을 바꾸다 보면 처음엔 빈정대던 사람들도 "너 알고 보니 참 괜찮은 친구구나!"라고 말할 것이다. 주님이 행하실 새 일을 기대하자.

이렇게 있는 자리에서 점점 좋은 사람이 되어 보라. 사람들은 주위에 좋은 사람이 생기면 누구보다 당신을 먼저 떠올릴 것이다. 결혼은 저 멀리 화성에 사는 사람과 하는 것이 아니다. 결혼한 부부나 하다못해 연인들에게 어떻게 만났는지 물어보면, 하나같이 "교회에서 봉사하다 만났어요" "대학 선후배였어요" "동창이었어요" "엄마 친구 아들이었어요" "회사 사람 소개로 만났어요" 한다. 종합해 보면 같은 공동체에 있었든지, 한 다리 건너 만난 것이다. 결국 운명의 만남은 자신이 머물고 있던 자리에서 이루어진다는 말이다.

따라서 가장 중요한 것은 있는 자리에서 좋은 사람이 되는 것이다. 어디 새로운 데 가서 잘할 생각 말고, 먼저 있는 자리에서 잘하자. 그것이 지혜.

Q.

나는 있는 자리에서 좋은 사람인가? 주위 사람들에게 좋은 사람이라는 말을 듣는가?

Q.

내가 있는 자리에서 좋은 사람이 되기 위해 할 수 있는 일을 하나씩 적어 보자.

자리	할 수 있는 일	체크

* 자리의 예 : 집, 교회, 직장, 학교, 운동하는 곳

7 | 결혼은 좋은 사람과 해야 한다

지금 있는 자리에서 좋은 사람이 되라고 그렇게 귀에 못이 박히게 말해도 꼭 청개구리 같은 반응이 나온다.

"지금은 내가 좀 까칠하게 구는 것 같지만, 결혼하면 배우자에게는 잘할 거예요!"
"어차피 쟤들은 내 배우자도 아닌데 뭐 하러 좋게 대해 줘요? 내가 비록 좀 막말하는 캐릭터지만 나중에 배우자에게는 사랑스럽게 말할 거고 예의 있게 대해 줄 거예요."

말도 안 되는 소리다. 세 살 버릇 여든 가는 거고, 평소 하던 습관 어디 안 간다.

어떤 여자들은 희한하게 나쁜 남자에게 매력을 느낀다. 심지어 이상형을 물어보면 "다른 여자들에게는 불친절하고 퉁명스럽게 대하는데 나에게만 잘해 주는 남자가 좋아요" 한다. 설상가상 "누구에게나 잘해 주는 사람은 싫어요" 한다. 누구에게나 친절한 교회 오빠 스타일에 질린 걸까? 그러나 눈을 씻고 찾아 봐라. 그런 남자는 없다.

나쁜 남자는 24시간 365일 나쁜 남자다. 잠시 한두 시간, 한두 달 당신 앞에서 괜찮은 남자인 척했을지 몰라도 결혼하면 24시간 365일 나쁜 남자로 돌아갈 확률이 99.99퍼센트다. 왜냐하면 본 모습은 평생 가릴 수 없기 때문이다. 반대로 매너 있고 진실한 교회 오빠가 내 남자가 될 때 진국을 맛본다.

간단히 생각해 보자. 결혼이란 배우자와 '가정'을 꾸리는 것이다. 가정이 무엇인가? 사람이라면 누구나 가장 편하게 지내고 싶은 곳이다. 학교에서, 직장에서 잔뜩 긴장했다가 집에 들어가면 무엇을 가장 먼저 하는가? 보통은 입고 있던 외출복을 벗고 가장 편한 옷으로 갈아입는다. 집에서 입는 옷은 무릎에 구멍이 났든, 하도 입어서 색이 바랬든 상관이 없다. 차라리 새 옷보다 조금 헤진 옷, 오래 입어 내 몸에 익숙한 옷이 편안하다. 그리고 하루 종일 위축되고 긴장해서 너덜해진 몸을 나만의 공간에서 세상 편안하게 쉬고 싶은 것이 사람 마음이다. 당신의 배우자가 가장 편하게 본능대로 지내고 싶은 곳이 바로 당신과 사는 그 집이 되는 것이란 말이다.

그러면 배우자는 집에 들어와서 어떤 모습이 되겠는가? 바로 무장해제가 될 것이다. 타인을 향해 하던 가식과 노력을 다 내던지고 평소 하던 모습으로 돌아갈 것이다. 나쁜 남자는 나쁜 남자 그대로, 나쁜 여자는 나쁜 여자 그대로 살 것이다. 어떤 사람들은 "결혼하니 이 사람이 변했어" 한다. 변한 게 아니다. 평소 모습이 나온 것이다. 그래서 우리는 좋은 남자, 좋은 여자를 만나 결혼해야 한다. "내가 비록 지금은 좀 부족하지만 결혼하면 정말 최고의 배우자가 될게"는 틀린 말이다. 절대 믿으면 안 되는 말임을 명심하기 바란다. 반대로 나도 평소 내 모습을 잘 살펴야 한다. 바로 오늘부터 있는 자리에서 잘하는 연습을 시작해야 한다.

평소 습관 어디 안 간다

나는 결혼 전에 정리를 잘 못했다. 당연히 책상은 지저분

했고, 읽던 책, 읽어야 할 책, 일기장, 성경, 펜, 머리끈, 탁상 달력 등 모든 것이 널브러져 있었다. 책상은 물론이요 방도 말할 것이 없었다. 어느 날 정리해 주던 어머니가 답답했는지 나를 나무라셨다. 옆에서 듣던 아버지가 내 편을 들겠다고 한마디 거들어 주셨다.

"결혼하면 잘하겠지."

나도 속으로 생각했다. '나도 결혼하면 각 잡고 정리할 수 있어!' 그런데 결혼해 보니 그것은 불가능한 일이었다. 결혼 전이나 지금이나 여전히 내 책상은…. 두말하면 입 아프다. 정리 잘하는 남편과 첫째 딸은 언제나 내 책상을 보면서 한숨 쉰다. 나도 그 어처구니없다는 눈빛을 더는 보고 싶지 않아 정리를 잘하고 싶은데, 그게 마음처럼 되지 않는다. "나는 엄마라서 시간이 날 때 일을 해서 그래"라고 변명하지만, 그때마다 결혼하면 잘할 것이라고 편들어 주던 아버지가 떠오른다.

'아버지, 결혼한다고 하루아침에 사람이 달라지지 않더라고요.'

평소에 좋은 습관, 좋은 행동이 나의 것이 되도록 부단히 노력해 보자. 결혼한다고 단번에 다른 사람 되지 않는다. 지금 있는 자리에서 주변 사람에게 좋은 사람이 결혼해도 좋은 사람이다.

Q.

평소에 결혼하면 달라질 거라고 말했던 부분이 있는가? 지금부터 달라질 방법은 무엇이 있을까?

8 | 신혼집은 반석 위에 지어야 한다

내 친구는 연애를 8년이나 하고 결혼했다. 그러니 상대에 대해 모르는 게 하나도 없다고 자신하며 결혼식장에 들어갔다. 그런데 결혼하자마자 배우자의 새로운 모습을 보고 깜짝 놀랐단다. 하나님이 창조하신 사람이 얼마나 신묘막측한 존재인지, 8년을 만났는데도 배우자에게 새롭게 보여줄 게 남아 있다는 사실이 놀랍다.

기준을 분명히 세우라

결혼을 해보면 남자와 여자가 얼마나 다른지, 너와 내가 얼마나 다른지, 우리 집안과 너희 집안이 얼마나 다른지 보게 된다. 사람은 모두가 다르다. 생각과 가치관은 물론, 살아온 집안 문화도 다르고 삶의 여정도 다르다. 그렇게 전혀 다른 둘이 갑자기 하나가 되려고 하니 당연히 초반에 시끄러운 일들을 겪게 된다. 사사건건 부딪히고 의견 충돌이 나고 가끔은 냉전에 돌입하게 되는 것이 당연하다. 그래서 신혼 기간이 가장 달콤하고 깨 볶을 것 같지만, 이때 이혼도 가장 많이 한다. 대부분의 이혼 사유가 '성격 차이'로 귀결되는 것도, 이 수많은 차이를 가장 무난하게 설명해 주는 표현이기 때문이다.

사람은 다르다. 연애를 8년 했든 10년 했든, 당신은 배우자의 새로운 모습, 이해할 수 없는 모습을 계속 보게 될 것이다. 그래도 둘이 하나가 되어야 하니 어떤 방법으로든 서로 깎이고 버리는 작업이 계속된다. 부부싸움을 하는 것도, 혹은 눈물로 기도와 회개를 하는 것도 이 때문이다. 그런데 이렇게 깎이고 버릴 때 닥치는 대로 버리고 아무 것이나 깎이면 안 된다. 버려야 할 것을 버리고, 소중한 것은 지키는 분별의 지혜가 필요하다. 그래서 준비 기간에 당신에게 가장 소중한 것이 무엇인지 기준을 분명히 세우길 권한다.

룻의 말을 잘 살펴보면 그녀는 이방인이었고 결혼하고 나서야 하나님을 알았지만 하나님을 '나의 하나님'으로 여겼다 (룻 1:16). 어머니의 하나님, 남편의 하나님이 아니라 분명히 나의 하나님이 된 것이다. 그래서 큰 결정을 내릴 때도 나의 하나님을 섬길 수 있는 집안, 나의 하나님이 계신 백성 사이에 머물겠다고 결심할 수 있었다. 그녀의 기준은 정확히 하나님이었다.

당신의 기준은 무엇인가? 당신에게 가장 소중한 것은 무엇인가? 내 배우자감을 알아보기 위해 당신은 무엇에 기준을 두고 있는가?

기준 세우기는 썸타기 전에

많은 청년이 믿지 않는 사람을 만나도 되냐고 물어본다. 일말의 고민도 없이 절대 안 된다고 말하면 눈에 실망의 빛이 역력하다. 무슨 대답을 그렇게 쉽게 하느냐는 눈빛이다. 세상의 반 이상이 하나님을 믿지 않는 사람인데, 그러면 좋은 사람을 만날 기회가 너무 적어지지 않냐고 말한다. 걱정 말아라. 하나님이 계획하고 예비하신 당신의 배우자는 단 한 명이다. 벌써 후보자가 많이 좁혀졌으니 기뻐할 일이다. 할렐루야!

그러면 청년은 재차 묻는다. 제가 평소에 전도도 못 하는데 결혼을 전도의 기회로 삼아 배우자를 하나님께 인도하면 얼마나 좋겠냐고 반문한다. 또 그 집안까지 전도하면 하나님이 얼마나 기뻐하시겠냐고 묻는다. 나도 묻고 싶다. 당신의 집이 하나님을 예배하고, 뜨겁게 기도하고 찬양하는 교회가 되어 세상을 이겨 낼 힘을 얻는 전초기지가 되는 것이 나을까, 아니면 당신의 집이 선교지가 되어 매일 성벽을 돌며 눈물로 기도하고, 땅밟기를 하며 사탄의 권세를 무너뜨리고, 영적 싸움의 피 튀기는 전쟁터가 되는 것이 좋을까? 둘 중에 선택해야 한다면 당연히 영적 전쟁터보다는 교회가 되는 것이 맞다. 세상에 나가서 싸우기도 벅찬데 집에서도 싸울 생각은 아예 접어 두길 바란다.

문제는 이런 질문을 가져오는 대부분의 사람들은 이미 믿지 않는 연인을 만나고 있는 경우가 많다. 교제하고 있는 사람이 너무 좋은데 하나님을 믿지 않는 것이 마음에 걸려서 고민하는 것이다. 그래서 기준 세우기는 썸 타기 전, 준비 기간에 해야 한다. 제발 누굴 만나기 전에 먼저 기준을 분명히 하길 바란다. 믿지 않는 친구와 썸이 오가는 듯한 기분이 든다면 서로 알아 가는 것은 둘째로 미뤄 두고, 당장 그 친구가 주님부터 만나도록 도와주자. 그리고 그 친구에게 당신이 꿈꾸는 결혼은 하나님을 예배하는 가정, 문제가 있을 때마다 서로를 위해서 기도하는 가정, 주일에 가족 모두 손잡고 교회 가는 가정, 엄마 아빠의 자녀를 넘어 하나님의 자녀를 키워 내는 가정, 집에 찬양이 끊이지 않고 가족 모두가 한목소리로 하나님을 찬양하는 가정임을 분명히 전달하길 바란다.

한 자매가 하나님을 믿지 않는 사람과 교제를 시작했다. 그래도 믿음의 사람과 결혼하고 싶어서 상대에게 결혼 조건으로 세례와 주일 성수를 걸었다. 감사하게도 상대가 자매의 말을 따라 주었다. 연애하는 내내 주일 예배에 한 번도 빠지지 않고 나왔다. 그리고 세례까지 받았다. 할렐루야! 신앙이라는 어려운 조건이 충족되었으니, 이 둘은 바로 결혼했다. 그런데 문제는 결혼하자마자 시작됐다. 이제는 남편이 된 그가 평생에 안 가던 교회를 다닌다고 그동안 너무 애썼으니 당분간 좀 쉬겠다고 했단다. 그렇게 교회에서 다시는 그를 볼 수 없게 됐다.

결혼하자마자 주일 성수를 가지고 부부가 싸워야 한다면 이 결혼이 얼마나 험난할지 불 보듯 뻔하다. 결혼 전에 영적인 독립은 남녀 모두에게 해당하는 것이다. 한 명이 영적으로 독립했다고 안심할 수 없으며, 결혼의 조건으로 예배 참석이나 세례를 내걸 수도 없다. 이 정도 수준이 아니라 둘 다 완벽한 영적인 독립이 이루어져야 한다. 기분 좋으면 예배에 참석하고, 상대방에게 잘 보이려고 예배 자리에 앉아 있는 정도로는 안 된다. 당신의 배우자는 꼭 스스로 하나님을 예배하는 사람이길 바란다.

물론 결혼 후에 배우자를 믿음의 길로 인도한 사람들도 있다. 하지만 잊지 말아야 할 것은 그 일이 있기까지 눈물 없이는 들을 수 없는 수많은 일이 있었다는 사실이다. 당신이 기꺼이 그 고되고 험난한 길을 눈물로 가겠다면 말리지 않겠다. 그러나 아직 아무도 만나지 않은 상태라면 군이 왜 그 길을 가려는지 묻고 싶다. 인생은 그것 말고도 부부가 함께 헤쳐 나가야 할 일들이 수두룩하다. 당신의 기준, 삶의 방향을 주님의 반석 위에 분명히 놓길 바란다. 그래야 비바람이 몰아쳐도, 천둥 번개가 번쩍거려도, 홍수가 나도 흔들리지 않는다.

Q.

내 인생은 어디를 향하고 있는가? 부부가 되면 무엇을 같이 하고 싶은가? 당신은 어떤 가정을 꿈꾸는가?

Q.

나에게 가장 소중한 것은 무엇인가?
절대 **빼앗길** 수 없는 것은 무엇인가?

Q.

하나님은 당신이 무엇을 소중히 지키길 원하실까?

9 | 똥도 쓰기에 따라 거름이 된다

룻과 나오미는 이제 운명 공동체가 되었다. 함께 베들레
헴으로 떠날 채비를 한다. 떠나려면 우선 이삿짐부터 싸야 한
다. 나오미가 여러 해를 모압에서 살았으니, 그 동안의 짐이 꽤
있었을 것이다. 아쉽지만 지금처럼 해외 포장이사 같은 것은
기대할 수 없다. 오직 자기 손으로 정리해서 직접 이고 지고 가
야 한다. 그러니 가장 소중하고 당장 필요한 것만 챙겨야 한다.

이사를 몇 번 해보면 이삿짐에 넣어야 할 것, 처분해야 할
것이 나뉜다. 룻의 상황을 보자. 고인이 된 남편이 사준 소중한
옷이라도 낡아서 더 이상 입을 수 없으면 버려야 한다. 신혼 때
산 매트리스도 들고 가기에 벅차면 버리고 떠나야 한다. 큰맘
먹고 산 값비싼 가구도 이제는 무겁기만 한 짐이니 팔아서 돈
이라도 챙겨야 한다. 아무리 추억이 잔뜩 담긴 식기라도 중고

로 내다 팔고 베들레헴에 가서 다시 사는 편이 낫다. 괜히 들고 가다 깨트리기라도 한다면 그 동안의 수고가 허사가 되니 떠나기 전에 정리하는 것이 지혜다. 한편으로는 삶을 대폭 정리할 수 있는 기회이기도 하다.

과거는 잊고 새출발하라

나는 미국으로 넘어와 살면서 이사를 참 많이 했다. 1년 안에 집을 세 번 옮긴 적도 있다. 그것도 메사추세츠에서 캘리포니아로 갔다가 7개월 머물고 다시 뉴저지로 옮겼다. 동부 끝에서 서부 끝으로 갔다가 다시 동부 끝으로 간 것이다. 처음 동부에서 서부로 이사할 때는 사람들이 어차피 이삿짐으로 차를 보내려면 비용이 많이 드니 그 돈으로 자동차 횡단을 해보라고 추천했다. 미국에 사는 사람들이 인생에 한 번쯤은 꼭 하고 싶어 하는 여행인데, 이번이 정말 좋은 기회라는 말에 겁도 없이 자동차로 출발했다. 일정을 8박 9일로 잡고 하루에 6-7시간씩 운전해서 가기로 했다. 서점에 가서 종이로 된 지도도 미리 샀다. 매일 밤 숙소에 들어가면 아이들과 하루 동안 지나온 길을 형광펜으로 그릴 계획이었다.

그런데 이삿짐을 싸고, 살던 모든 것을 정리하느라 힘을 다 썼는지 차에 올라탔는데 이미 체력이 바닥이었다. 첫 3일은 그래도 여행 같았는데 그다음부터는 기억도 잘 나지 않는다. 남편과 번갈아 가며 운전하면서 장거리 화물기사님들의 수고만 뼈저리게 느꼈다. 중간 중간 명소를 들르려면 동서부를 가로지르는 가장 빠른 코스에서 벗어나 적어도 3-4시간은 더 달려야 했는데 그렇게 돌아갈 마음의 여유가 없었다. 그냥 빨리 도착지에 가고 싶으니 나중에는 냅다 달리기만 했다.

그렇게 어렵게 도착한 서부였는데 이제 좀 적응했다 싶을 때, 이삿짐을 도로 싸서 동부로 돌아가게 되었다. 하나님은 우리 가족이 이렇게 움직이게 될 줄 이미 다 아셨을 텐데 아예 처음부터 서부를 거치지 않고 동부 안에서 이사하게 하시지 왜 이렇게 뺑뺑이를 돌리시나 원망이 나왔다. 똥개훈련이 따로 없었다. 그런데 살면서 이미 눈치챘겠지만, 하나님은 우리 인생을 순순히 흘러가게 놔두시지 않는다. 항상 생각지도 않은 곳, 계획에 없던 곳으로 인도하신다. 똥개훈련은 기본이고 더한 것도 시키신다. 그것이 우리에게 필요하기 때문이다.

이사를 해보면 확실히 유익이 있다. 이사할 때마다 우리 인생이 나그네 인생임을 절절히 깨닫는다. 짧게 들렀다 가는 인생인데 뭐가 그렇게 필요하다고 집안 곳곳에 물건을 쟁여 놓았는지 반성하게 된다. 짐은 단출해야 한다. 이사할 때는 좋은 물건이 많은 것보다 물건이 아예 없는 것이 훨씬 낫다. 가장 골칫거리가 책이다. 이사를 도와주는 분들마다 목회자 집에는 책이 너무 많다며 툴툴대는데, 우리 집이 딱 그렇다. 이사할 때마다 앞으로 책을 사지 말고 전자책으로 사 보자고 결심한다. 하지만 막상 책을 살 때가 되면 우리집 식구들은 다들 종이책을 선택한다. 종잇장을 넘기며 책 읽는 맛을 버리지 못한다. 그래서 책은 종이책으로 사되 이사할 때는 짐에 넣지 않고 필요한 사람에게 나누는 것으로 정했다. 옷도 손이 잘 가지 않는다면 상태가 좋을 때 입을 수 있는 사람에게 주는 것이 지구를 살리는 일이다. 또 이사를 해보면 냉장고 안에 있는 음식을 비우는 데 시간이 꽤 오래 걸린다는 사실을 발견한다. 특별히 먼 곳으로 이사 가게 되면 모조리 치워야 하는 것이 냉장고다. 그래서 우리 가족은 언제 어디로 떠날지 모르는 나그네 인생이니 살면서 냉장고 갯수를 늘리지 않기로 했다. 냉장고는 한 개면 충분하다. 여분의 냉장고는 마켓에 있다. 필요하면 거기서 꺼내 오면 된다.

당신도 떠나야 한다. 앞에서는 있는 자리에서 잘하라더니 이제는 어딜 또 떠나냐고 말하고 싶을 것이다. 지금 떠나라는 말은 당신의 행동반경, 머무는 자리를 말하는 것이 아니라 당신의 과거, 생각, 경험 속에 파묻혀 살지 말고 새출발하라는 뜻이다. 당신이 친구나 부모, 형제, 자매들을 통해 경험한 결혼(아니면 당신이 이미 다녀온 결혼일 수도 있겠다), 그리고 당신의 연애 경험, 아직도 마음에서 깨끗하게 정리하지 못한 헤어짐, 아쉬웠던 만남에서 떠나야 한다. 특별히 조언 같지도 않은 소셜 미디어에 나오는 남녀 관계에 대한 이야기들, 나보다도 모르면서 아는 척하는 친구들의 이야기들은 싹 다 버리고 떠나야 한다.

룻과 나오미는 남편들이 묻힌 곳에 머물겠다며 다 끝난 것을 붙잡지 않았다. 이제는 새로운 시작이 필요한 시점이다. 그녀들은 하나님의 백성이 머무는 곳, 하나님의 말씀이 통용되는 곳으로 가겠다고 결심했다. 물론 새로운 발걸음은 어렵다. 버릴 것이 한두 가지인가? 다 소중하고 필요해서 내 곁에 놓아둔 것인데 어떻게 정리가 쉽겠는가? 짐은 어떻게든 정리한다지만 이미 머물던 곳에는 친한 사람들이 있다. 또 항상 돌아다니던 동네, 아침에 눈 뜨면 만날 보아 왔던 익숙한 풍경, 남편과의 추억이 담긴 모든 것을 정리하기란 그 누구도 쉽지 않다. 하지만 떠날 때는 떠나야 한다. 그래야 새로운 일이 펼쳐진다.

똥 같은 경험을 거름으로 쓰라

세영이는 아버지가 바람을 펴서 어머니를 지긋지긋하게

힘들게 한 가정에서 자랐다. 그래서 남자가 자신에게 다가오거나 잘해 주면 이 남자는 다른 여자에게 얼마나 잘할까 의심부터 한다. 남자라는 존재 자체에 믿음이 없다. 그러니 다가오는 남자가 있으면 무조건 차갑게 굴었다. 그런데 어느 날부터인가 자꾸 눈길이 가는 남자가 생겼다. 저런 남자라면 다를 수도 있겠다고 생각했는데 마침 그도 세영이에게 관심을 보였다. 경사도 이런 경사가 없다. 동시에 서로에게 호감이 생기고 마음이 움직이기란 로또 다음으로 어려운 일 아닌가? 그런데 세영이의 마음 한구석에서는 여전히 부정적인 생각이 든다. '저 사람이 나를 끝까지 좋아할 수 있을까? 좋아하다 금방 마음이 변하겠지? 저렇게 좋은 사람 주위에는 여자가 많을 거야. 저 남자라고 다를까?' 같은 생각에 미리 마음이 닫히고 말았다.

이혼 가정에서 자란 영진이도 만남에 앞서 걱정부터 한다. 좋아하는 사람과 교제하다가도 서로 의견이 맞지 않아 싸우게 되면 상대는 내가 이혼한 가정에서 자라서 이렇다고 생각하지 않을까 괜한 걱정을 한다. 만약에 교제하는 사람과 결혼에 이르게 되더라도 상대의 부모가 과연 이혼 가정에서 자란 나를 좋아해 줄까 염려했다. 요즘 이혼이 얼마나 많은데 그런 걱정을 하느냐고 말할 수 있겠지만, 사탄은 꼭 우리를 사서 걱정하게 만든다. 하나님은 자유하라고 하시지만 사탄은 아직 다 아물지 않은 상처를 찌르고 또 찌른다. 멍든 데 또 때리면 얼마나 아픈가? 사탄은 우리의 약한 곳을 그렇게 파고든다.

진리는 진짜 좋아했던 사람과 헤어졌다. 그녀와 사귈 때를 생각하면 인생에서 제일 행복했던 순간이었다. 그녀가 응원해 주면 어떤 일도 해낼 수 있을 것 같았고, 아침 알람처럼 그녀가 잘 잤느냐고 문자메시지를 보내 주면 아무리 피곤해도 웃으면서 하루를 시작할 수 있었다. 그런데 그녀의 마음이 떠났다. 다른 이성이 자신에게 다가오는데 마음이 흔들린다며 그놈에게 가 버렸다. 아무리 마음을 정리하려 해도 좀처럼 되지 않았다. 세상 모든 이별 노래가 내 노래였다. 어둠이 내리는 저녁이 되면 마음도 무너져 내렸다. 살 소망도 없고, 나는 그놈보다 못한 사람인가 자괴감이 들었다.

신지는 모태솔로다. 학창 시절 내내 여자들하고만 살았다. 여중, 여고를 거쳐 대학도 여대를 졸업했다. 집에도 남자는 아빠밖에 없다. 외동딸이라 혼자 자란 데다가 남자들과 이야기를 나눠 보거나 같이 놀아 본 적도 없다. 신지가 다니던 교회는 중고등부가 남자반 여자반으로 나뉘어 있었다. (제발 교회는 반을 성별로 나누지 말기 바란다.) 그러니 남자라는 자체가 너무 생소하다. 누굴 만나서 연애라는 것을 해보고는 싶지만 성격도 내성적이라 남자 앞에서 무슨 이야기를 해야 할지 아예 모르겠다.

당신에게는 어떤 과거가 있는가? 새로운 시작을 못하게 막는 장애물이 있는가? 아직도 감정이 정리되지 않아서 괴로운가? 발목을 붙잡는 염려가 있는가? 하나님은 어느 인생도 그냥 흘려보내시지 않는다. 똑같이 생긴 사람이 하나도 없듯이 인생길도 다 제각각이다. 당신의 인생을 계획하고 주관하시는 하나님이 아직 이해되지 않는가? 도대체 나에게 왜 이러시나 원망만 하고 있다면 인생을 풀어 갈 지혜를 주겠다.

우선 당신의 인생에 똥 같은 경험과 과거와 감정들을 다 모으기 바란다. 당신의 인생을 똥같이 느껴지게 만든 그것들이 실은 당신의 인생을 돋보이게 만드는 장치이기도 하다. 그 똥이 있어서 당신의 인생이 남들과 유별나게 다른 것이다. 똥을 열심히 모았다면 이제 그 똥을 거름으로 바꾸기 바란다. 당신의 특별함은 그 똥처럼 여기는 곳에서 시작되기 때문이다.

세상의 모든 것은 양면을 동시에 가졌다. 살다 보면 더 뼈저리게 알게 된다. 세상이 살면 살수록 단순하지가 않다. 불이 따뜻하게 우리를 데워 주지만 한순간에 우리를 살라 버리기도 한다. 칼이 음식을 요리하는 요리사 손에 들렸을 때는 하나도 무섭지 않은데 이상한 사람 손에 들리면 당장 도망가야 한다. 돈도 내가 쓸 때는 괜찮은데 돈이 나를 쓰기 시작하면 큰일이다. 그러니 어떤 것도 단순하게 볼 수가 없다. 항상 양면이 있다. 물건만 양면이 있는 것이 아니다. 나의 경험, 나의 환경, 나의 상황 모든 것이 양면을 지녔다.

우리 아버지 성이 '호'씨이다. 이 집안에서는 딸이 태어나면 무조건 호산나로 지으려고 모두가 벼르고 있었다. 다행인지 불행인지 모르겠지만 사형제 중에 우리 아버지가 가장 먼저 딸을 낳으셨고, 호산나라는 이름을 호적에 올리셨다. 호산나고 이름지어진 아이는 어땠겠는가? "어떻게 성이 호씨냐?" "산나라고 부르면 되는 거냐?" "이름이 호산나고 성은 다른 것이 있겠지?" 같은 질문을 수도 없이 들었다. 당사자인 내가 봐도 이름 같지 않은 이름이다. 그러나 그만큼 기억하기 쉬운 이름이다. 그러니 이름 가지고도 처음 만나는 사람과 말 한마디 더 하게 되고 시간이 지나도 모두 내 이름은 기억해 주었다. 그래서 나도 내 이름이 참 마음에 든다. 내 이름을 처음 듣는 사람들은 대부분 "참 특이하고 예쁜 이름이네요" "독특한 성을 가지셨네요"라고 말해 준다. 그러나 어떤 사람은 어떻게 이름으로 감히 '호산나'라는 단어를 쓸 수 있느냐며 호통치기도 했다. 내가 지은 이름도 아니고 아버지가 주신 이름인데 나를 혼낼 일인가 싶긴 했다.

　이렇게 하나의 이름에도 사람들의 반응은 여러 가지다. 세상 만사가 이렇게 양면을 지녔다. 똥과 거름도 다른 것이 아니다. 동전의 양면 같은 것이다. 사람이 다니는 길에 덩그러니 놓였으면 피해 가야 할 똥이고, 모아서 밭에 던지면 거름이 된다. 당신의 인생에 똥 같은 부분이 있다면 싹 모아서 밭에 던지길 바란다.

똥이 거름 되면 꽃이 피고 열매 맺는다

성경에 누가 봐도 똥 같은 인생을 산 대표적인 여인이 있다. 이혼은 물론이고 연애도 여러 번 하기 어려운 시대에 여섯 번이나 남편을 바꾼 여인, 바로 요한복음 4장에 나오는 사마리아 여인이다. 이 여인은 자기 인생을 똥처럼 여겼다. 사람들이 자신을 손가락질하는 것 같고, 모여서 웅성거리면 자신에 대해 속닥거리는 것 같았다. 그러니 사람과는 아예 마주치기도 싫었다. 밖에 나갈 일이 있으면 사람이 아무도 없는 시간을 택했다. 땡볕이 내리쬐어 아무도 돌아다니지 않는 한낮에 밖에 나가 물을 길었다. 그 누구와도 눈길 한번 주고받고 싶지 않았다. 사람 자체에 질려 버렸을지도 모르겠다.

그런데 이 여인에게 주님이 찾아오셨다. 처음에는 물 좀 달라고 말을 붙이시더니 영원히 목마르지 않게 해주는 물까지 주셨다. 그뿐만 아니라 하나님은 영과 진리로 예배하는 자들을 찾으신다는 이야기까지 해주셨다. 여기까지 들어 보니 주님이 이 여인을 예배자로 부르시기 위해 특별히 찾아오신 것 같다. 여인은 감격했다. 그길로 그녀는 물동이를 던져 버리고 당장 동네 사람을 찾아갔다. 그렇게 사람을 피해 다니더니 이제는 온 동네 사람들을 모았다. 그리고 그들에게 이 소중한 예수님을 만나 보라고 권했다. 다들 그동안 얼굴 보기도 힘들었던 여인이 동네방네 다니면서 만나는 사람마다 붙잡고 큰소리로 외치니 우선 마을 사람들이 놀랐을 것이다. 이 여인이 뭘 잘못 먹었나 갑자기 왜 이러지 하는 얼굴로 쳐다볼 때, 이 여인은 사람들에게 말했다.

> 여자가 물동이를 버려 두고 동네로 들어가서 사람들에게 이르되 내가 행한 모든 일을 내게 말한 사람을 와서 보라 이는 그리스도가 아니냐하니 | 요 4:28-29 |

사마리아 여인은 사람들이 자신에 대해 왈가왈부하는 것도 듣기 싫고, 정 줬다가 헤어진 적이 한두 번이 아니라서 이제는 사람 자체에 신물이 나 버렸다. 자기 과거를 땅속 깊이 묻어 버리고 싶었던 여인, 그 누구와도 마주치기 싫어서 한낮에 물 뜨러 갔던 여인이 자신의 과거를 온 천하에 내던진다. 온 동네방네를 뛰어다니며 내가 행한 모든 일을 다 알고 있는 사람이 구세주가 아니겠냐고 사람들에게 전한다. 이 여인은 자신의 똥 같던 과거를 사람들 앞에 거름으로 던졌다. 더러워서 치워 버리고 싶었던 과거를 예수를 증거하는 거름으로 썼다. 그러니 동네 사람들이 전부 그 여인이 전하는 예수가 궁금해서 우물로 달려 나간다.

똥이 거름이 되면 이렇게 놀라운 일이 일어난다. 땅이 비옥해지고 식물에 영양분이 전달된다. 그러다 꽃도 피우는데 그 꽃향기가 오묘하고 아름답다. 어떻게 이런 극적인 화학변화가 일어나는지 놀라울 따름이다. 꽃의 색은 얼마나 아름다운가? 소담스럽게 꽃잎을 모았다가 하룻밤 사이에 펼치는 모습이 기가 막히다. 게다가 꽃이 지나간 자리에 맺힌 열매를 맛보면 감격이 몰려온다. 당신이 아침마다 챙겨 먹는 사과는 그냥 열린 것이 아니라 다 이 거름 덕분임을 기억하자.

우리의 과거, 경험, 감정들은 아픔과 상처였고 구제불능이었다. 하지만 하나님 손에 들리면 똥이 거름이 된다. 하나님을 만나고 삶이 변화된 사람들이 하는 간증들은 다 똥 같은 인생이 거름 된 이야기다. 그 귀한 똥이 거름이 되어 꽃이 피고 열매 맺은 이야기들이 그렇게 감동을 주고 같은 똥으로 아파하는 사람을 살린다. 그러니 주님이 하신 일을 찬양할 수밖에 없다. 똥을 허락하신 하나님을 찬양하자. 당신은 아직 똥을 들고 괴로워하는가? 이전에는 숨기기 바빴고 처리할 방법을 몰랐으나 이제는 알았다. 똥을 당장 모아서 거름으로 땅에 던지자.

Q.

아직 버리지 못한 과거, 경험, 감정이 내 안에 있는가? 새로운 시작을 막는 것이 무엇인지 구체적으로 생각해 보자.

Q.

똥을 모았다면 이것이 내 인생을 돋보이게 하는 거름임을 주님께 감사하자. 아직 거름으로 다 이해되지 않아도 언젠가 모아 둔 똥이 거름으로 쓰이는 순간을 당신이 직접 보게 될 것이다. 그때 잊지 말고 어떻게 똥이 거름으로 쓰였는지 구체적으로 적어 놓자.

PART 3.

썸의 본질

10 | 미디어가 당신을 속이고 있다

나오미는 살길을 찾는 데 민첩한 여인이다. 처음에 유다에서 모압으로 이민 갔던 이유도 유다 베들레헴에 흉년이 들어서였다. 영 먹고 살 것이 없어 보이니 새로운 땅으로 가족을 데리고 간 것이다. 그 결과는 처참했지만, 하여튼 나오미는 나고 자란 고향도, 가족도 떠날 수 있는 과감한 여인이었다. 이제 며느리 룻과 나오미만 남았으니 다시 살길을 찾아야 한다. 나오미는 떠나온 고향으로 되돌아가기로 결심한다.

나오미는 수년을 살았던 모압에서 그동안 있었던 괴로움들을 툴툴 털고 고향으로 향했다. 고향에 도착하자마자 사람들이 나오미를 알아보고 반겼다. 솔직히 금의환향은 아니다. 멋지게 돌아왔으면 좋으련만 행색은 초라하고 가족은 단촐해졌다. 그리고 당장 발 벗고 나서서 도와주겠다는 친척도 보이지 않는다. 이제 나오미가 쓸 수 있는 방법은 다 썼다.

룻은 주위를 살펴보았다. 먹고 살려면 한 살이라도 젊은 룻이 나서야 한다. 어머니의 고향, 베들레헴에서 남편 없는 그녀가 할 수 있는 일은 딱 한 가지였다. 추수한 땅에 떨어진 곡식을 줍는 일이다. 룻은 어머니가 일러주기도 전에 자기가 나서서 이삭을 주우러 가겠다고 했다. 현실 파악 능력은 시어머니 못지않은 며느리였다.

하나님은 당신의 백성들에게 추수를 하면 밭의 네 모퉁이와 땅에 떨어진 곡식은 줍지 말라고 하셨다. 가난하고 어려운 사람, 나그네, 이방인들이 먹고 살 수 있도록 그대로 놔두라고 하셨다(레 19:9-10). 하나님도 참 친절하시지, 밭 한 가운데를 놔두라고 하지 않으시고, 곡식을 줍는 손이 부끄럽지 않도록 밭의 모퉁이를 남겨 두라고 하셨다. 그런데 밭 모퉁이는 사람 손이 닿기 쉬우니 곡식도 금방 동날 것이다. 그럼 주인의 허락을 구하고 밭에 들어가서 땅에 떨어진 곡식을 주울 수 있었다. 이것도 많이 줍는 방법이 있다. 추수하고 있는 사람의 꽁무니를 부지런히 쫓아다니는 것이다. 여기에는 눈치도 겸비해야 한다. 추수하는 사람도 누가 너무 바짝 쫓아오면서 곡식을 주우면 불편하지 않겠는가? 그러니 적당한 거리를 유지하며 곡식을 주워야 했다.

이런 어려운 일을 룻이 하겠다고 나섰다. 룻은 체면이고 뭐고 차리지 않았다. 당장 자신과 어머니가 사는 것이 중요했다. 룻은 이방 여인이라 어딜 가나 눈에 띄었을 것이다. 거기다 나오미가 며느리와 돌아왔다는 소식이 사람들의 초미의 관심사였기에 그녀는 사람들의 입방아에 오르내리던 중이었다. 그런데도 룻은 사람들의 시선, 쑥덕거리는 말에 아랑곳하지 않고 일하러 나섰다. 그녀는 아주 현실적인 사람이었다. 시어머니가 방법을 구할 때까지 마냥 기다리는 것이 아니라 당장 먹고살 길을 찾아 나섰다. 사람들의 평판, 자신의 체면에 옴짝달싹 못 하는 것이 아니라 자신의 상황을 분명히 인식하고 할 수 있는 일을 찾아서 했다.

"너에게는 아무나 소개 못해 주겠다.
내 주변 사람 누굴 소개해 줘도 네 마음엔 안 들겠어."

"웬만한 사람이 네 눈에 차겠니? 너는 기준이 까다롭잖아."

혹시 이런 말을 한 번이라도 들어 봤다면 잘 생각해야 한다. 이런 말을 칭찬으로 듣는 사람이 없길 바란다. 이 말을 해석해 보면 당신은 현실 감각이 없다는 말이다. 세상에 없는 사람이 나타나길 바란다는 말이다. 당신과 어울리지 않는 사람만 기대하고 바란다는 말이다.

지금 체면 챙길 때가 아니다. 주변에 자랑할 만한 사람을 찾을 때가 아니다. 결혼은 주변으로부터 좋은 평판을 들으려고 하는 것이 아니다. 현실을 봐야 한다. 배우자는 나와 어울리는 사람, 나와 함께 가정을 꾸릴 사람이어야 한다. 직업 화려하고 키 크고 잘생긴, 혹은 몸매가 좋고 예쁜 사람을 찾는 것이 아니다. 부디 현실 감각을 키우길 바란다.

미디어를 끊자

당신의 현실 감각은 어디서부터 사라졌을까? 가까운 사람들이 당신의 현실 감각을 떨어뜨리는 데 일조했을 수 있다.

"언니는 외모도 동안이고 감각도 세련돼서 연하랑 잘 맞을 것 같아요."

"형은 연예인 해도 되겠네요."

"운동을 해서 그런지 다섯 살은 더 젊어 보여요."

"누가 그 나이라고 믿겠어요."

이런 칭찬을 남발하는 사람들과는 당분간 멀리하기 바란다. 이런 공허한 말들이 당신의 분별력을 안드로메다로 보내 버렸다.

혹시 드라마를 보더라도 지질한 주인공에게 재벌 누가 반했다더라 하는 내용을 즐겨 보는가? 아니면 주변에서 이상형을 묻는데 "연예인 누구 같은 사람!" 하는가? 현실 감각을 찾을 때까지 부디 미디어 금식하기를 권면한다. 드라마는 세상에 있을 법하지만 사실 없는 이야기이다. 더군다나 사람들 시선을 쏙 빼놓을 만큼 비주얼 좋은 남녀가 연기한다. 간혹 성격 더럽고 주변에 무례하게 행동하는 인물이 주인공인데도 이상하게 봐줄 만하다. 거기다 위기에 빠진 주인공이 절체절명의 순간을 마주했을 때 마치 백마 탄 왕자님처럼 능력 출중한 상대 주인공이 등장한다. 이런 동화 속 사람을 현실에서 찾는다면 결혼은 이미 저 멀리 달나라 이야기가 된다. 당신이 그렇게 좋아하는 연예인도 연인과 사귀다가 헤어진다. 완벽한 사람이 아니라는 말이다.

　요즘은 인스타그램이나 인터넷 방송 등을 통해 완벽한 배우자상을 보여 주는 사람들이 있다. 가정적이고 집안일을 열심히 하는 남편들, 운동도 열심히 하고 자기 관리에 철저한 아내들이 구독자도 잘 모은다. 그런데 그들도 보이지 않는 곳에서는 우리가 상상 못 할 부부 갈등을 겪고 있을지 모른다. 그들을 보면서 "나도 저런 배우자를 만나 저런 가정을 꾸리고 싶어요"라고 생각한다면 제발 인스타그램을 끊자. 그런 사람을 찾아서도 안 되고, 그런 비슷한 사람이 만날 배우자의 기준이 되어서도 안 된다. 아무리 인스타그램 속 완벽한 남편이라도 나랑은 안 맞을 수 있다. 아무리 완벽해 보이는 아내여도 나와는 전혀 다른 생활방식을 갖고 있을 수 있다.

　어떤 사람들은 "저는 진짜 현실적인 사람이에요. 현실감각이 하나도 무너지지 않았어요" 하면서 "그래도 제 주변엔 정말 만나고 싶은 사람이 한 명도 없어요. 다 너무 허접해요" 한다. 여전히 연예인이나 유명 인플루언서를 들면서 이상형이라고 말한다. 사람 많은 곳에 가서 지나가는 사람들을 한번 둘러보기를 바란다. 단 한 명이라도 눈에 차는 사람이 있는가? 아무리 눈 씻고 찾아봐도 내 취향인 사람이 한 명도 없는 것 같다면 당신은 이미 현실 감각을 잃은 것이다. 당신의 뇌와 눈은 이미 미디어에 중독되었고 세뇌되었다. 부디 현실을 보자.

내 이상형도 완벽한 배우자를 찾는다

결혼을 기다리는 사람들이 배우자 기도를 시작한다. 기도 제목을 구체화해야 한다며 자신의 이상형 리스트를 만들어 성경책 첫 장이나 다이어리에 끼워 놓기도 하고, 문서 파일로 정리하면서 틈나는 대로 업데이트를 하기도 한다. 또 다른 사람의 배우자 기도 중에 좋아 보이는 기도 제목이 보이면 얼른 내 기도 제목에 추가하기도 한다. 그런데 그렇게 애써서 만든 기도 제목을 가지고 기도하다 보면 진짜 이렇게 하는 것이 맞나, 이런 사람이 과연 존재할까 싶을 때가 있다. 어떤 사람은 처음에 50개의 배우자 기도 리스트를 작성했단다. 그런데 소개팅을 하면 할수록 그런 사람은 없겠다는 생각이 들었단다. 그래서 기도 제목을 줄이고 줄이다가 결국에는 딱 하나만 남게 되었다. 마지막 딱 하나 남겨 둔 배우자 기도는 '큰 사람을 만나게 해주세요'였다. 시간이 지나면서 현실 자각과 내려놓음이 빚은 결과였다. 그리고 소개팅이 하나 잡혔다. 상대를 만나 보니 말 그대로 덩치가 아주 큰 사람이었다. 집에 와서 하나님께 울며 말했다.

"제가 말한 큰 사람은 마음이 넓고 하나님께 크게 쓰임 받을 사람이지 덩치가 큰 사람을 말한 게 아니잖아요."

여러 우여곡절 끝에 그 덩치 큰 상대와 결혼했다. 처음에 만날 때는 하나님께 크게 쓰임 받을 사람이 아니라 말 그대로 덩치만 큰 사람으로 보였다. 그런데 결혼하고 자식을 낳고 수년을 살고 나서 깨달았다. 그 남편은 아내의 기도 제목대로 하나님 나라의 큰 사람이었다.

배우자 기도 제목을 어떻게 작성할 것인가? 먼저 떠오르는 대로 맘껏 쓰라고 권하고 싶다. 그리고 그런 사람을 눈 부릅 뜨고 찾기 전에 자신이 먼저 그 리스트에 어울리는 사람이 되도록 노력하기를 권한다. 내가 기대하는 배우자는 또 다른 완벽한 사람을 찾고 있을 테니 말이다. 갑자기 부담이 몰려오는가? 내가 그런 배우자를 만나는 것은 좋지만 상대가 그런 배우자를 찾고 있다고 생각하면 전에 없던 현실 감각이 생긴다. 그러면 배우자 기도 리스트를 경중을 따져 가며 계속 수정하면 된다.

Q.

드라마를 많이 보는가? 좋아하는 아이돌이 있는가?

SNS로 눈여겨 보는 사람이 있는가? 어떤 면이 좋았나?

Q.

냉철하게 생각해서, 나는 현실 감각이 있는가?

만약 그렇지 않다면 어디에서 무너졌다고 생각하는가?

Q.

당신은 어떤 사람을 만나고 싶은가?

배우자 기도 리스트를 작성해 보자.

11 | 말 걸기 쉬운 사람이 썸도 탄다

당신은 모솔(모태솔로)인가, 아니면 한두 번의 연애 경험이 있는가? 혹시 손가락으로 헤아리기 어려울 정도로 다수의 연애 경험이 있는가? 그런데 연애가 몇 번이었든 간에 아직 미혼이라면, 모두에게는 똑같이 가슴 깊은 곳에서 메아리치는 질문이 있다.

'하나님, 제 짝이 존재는 합니까? 저를 만드실 때 제 짝도 준비하신 것이 확실합니까?'

아무리 살펴봐도 짝이 보이지 않거나 나타날 기미도 보이지 않을 때, 나는 바울 같은 운명인가 고민하게 된다. 걱정 말아라. 당신이 독신의 은사를 받았다면 애초에 이런 고민은 하지도 않는다. 당신이 연애와 은사 사이에서 고민하고 있다면, 그러면서 이 책을 여기까지 읽었다면 당신에게 독신의 은사는 없음이 명확하다.

아울러 하나님은 당신을 지으실 때 이미 모든 것을 계획하고 준비하신 것이 맞다. 그러니 당연히 당신의 짝도 지으셨다. 아쉽게도 당신의 눈이 다른 것을 바라보거나, 현실 감각을 잃어서 못 보고 있을 뿐이다. 현실에 발을 대고 살기로 결심했다면, 이제 할 일은 당신의 말을 점검하는 것이다.

콧대만 높이다 코 깨진다

룻에게 닥친 일은 오늘 하루 나오미와 함께 먹고 살 양식을 구하는 것이었다. 룻은 이삭 줍는 일을 하기로 마음은 먹었으나 어느 밭으로 출근해야 할지 몰랐다. 어머니 고향, 베들레헴에 룻이 아는 사람은 단 한 명도 없다. 여기에서는 지인 찬스, 친구 찬스, 학벌 찬스, 고향 찬스 같은 것은 기대할 수 없었다.

용기 내어 집을 나서면서도 목적지가 명확하지 않으니 어머니께 "잘 다녀오겠습니다"라고 인사를 못 했다. 룻은 "내가 밭으로 가서 내가 누구에게 은혜를 입으면 그를 따라서 이삭을 줍겠나이다"(룻 2:2)라고 말한다. 바구니를 들고 나가긴 하지만 이삭을 줍지 못하면 빈손으로 돌아올 수도 있으니 착한 주인 만나기만을 바랐을 뿐이다. 이렇게 룻은 정처 없이 일단 발걸음을 옮겼다. 그렇게 다다른 곳은 보아스에게 속한 밭이었다. 여기 놀라운 사실이 있다. 룻은 보아스의 허락을 받고 그의 밭에서 일을 시작하지 않았다. 보아스가 도착하기 전에 이미 그곳에서 일하고 있었다.

그렇다면 보아스는 어떤 사람이었을까? 만약 그가 남에게 쌀 한 톨도 주지 않으려고 하는 악독한 주인이었다면 그 밭의 매니저도 룻을 보자마자 당연히 쫓아냈을 것이다. 하지만 보아스는 달랐다. 그의 밭에서는 나그네와 외국인들이 항상 은혜를 입고 갔다. 보아스는 이렇게 있는 자리에서 좋은 사람이었다. 그러니 보아스가 오기도 전에 매니저가 룻이 일할 수 있도록 허락해 준 것이다. 먼저 있는 자리에서 좋은 사람이 되어야 함을 기억하자. 그러면 내가 잠시 자리를 비우더라도 그 자리에 복이 제 발로 걸어 들어온다.

룻이 일하는데 보아스가 자기 밭에 나타났다. 보아스는 이전에 보지 못했던 여인을 발견하고 매니저에게 저 여인이 누구냐고 묻는다. 매니저는 요즘 이 동네 화제의 인물, 모압 지방에서 돌아온 나오미의 며느리, 룻이라고 소개해 준다. 그 설명을 듣자마자 보아스는 매니저보다 한술 더 떠서 룻에게 잘해 준다. 룻에게 가까이 다가가더니 앞으로는 다른 밭에 가지 말고 항상 자기 밭에 와서 이삭을 주우라고 말해 준다. 그리고 목마를 때마다 힘들게 집에 갔다 오지 말고, 여기 일하는 사람들을 위해 길어 놓은 물도 언제든지 마시라며 더 큰 은혜를 베풀어 준다.

한순간에 룻에게 든든한 일터가 생겼다. 얼마나 감사한 일인가. 그런데 룻의 반응이 재미있다. 원래 처음 만난 사이인 데다가 자기가 일하는 밭의 주인이면 어렵기도 하고 어색하기도 해서 그저 "고맙습니다" 정도의 사무적인 말만 겨우 하지 않나? 어떤 사람은 성격에 따라서 "좀 더 신경 써서 감사를 전할 걸. 나를 퉁명스러운 사람으로 오해하는 건 아니겠지?" 하면서 이불킥을 할진 모르겠지만, 어쨌든 남녀의 첫 만남, 직장 상사와의 첫 만남은 대부분 형식적인 대화가 대부분일 것이다.

그런데 룻은 보아스와 처음 만난 자리에서 말을 술술 잘했다.

룻이 엎드려 얼굴을 땅에 대고 절하며 그에게 이르되 나는 이방 여인이거늘 당신이 어찌하여 내게 은혜를 베푸시며 나를 돌보시나이까 하니 | 룻 2:10 |

룻도 공손하게 얼굴을 숙였다. 그런데 말에는 거침이 없다. 다짜고짜 보아스에게 "왜 저 같은 여인에게 이렇게 잘해 주십니까?" 하고 콕 집어 묻는다. 대부분은 속으로만 생각하고 마는 질문을 거침없이 하다니, 과감하고 당돌한 여성이다. 그런데 보아스도 남달랐다. 그는 룻의 질문에 따뜻하고 상세하게 답해 주었다.

> 보아스가 그에게 대답하여 이르되 네 남편이 죽은 후로 네가 시어머니에게 행한 모든 것과 네 부모와 고국을 떠나 전에 알지 못하던 백성에게로 온 일이 내게 분명히 알려졌느니라 여호와께서 네가 행한 일에 보답하시기를 원하며 이스라엘의 하나님 여호와께서 그의 날개 아래에 보호를 받으러 온 네게 온전한 상 주시기를 원하노라 하는지라 | 룻 2:11-12 |

이런 말을 할 줄 아는 이성이라면 밥은 내가 살 테니 꼭 한 번 만나자고 해야 한다. 어떻게 속이 이렇게 깊을 수 있을까? 보아스는 룻의 질문에 '그냥'이라고 대충 답하지 않았다. 대신 그녀의 가슴을 녹여 버릴, 구체적인 대답을 했다. 누구든지 이런 구체적인 대답을 듣고 싶어 한다.

룻은 시어머니를 따라 하나님의 백성이 사는 낯선 곳에 왔다. 아무리 큰 결심을 했어도, 물도, 음식도, 말도, 문화도 다른 곳에서 힘든 점이 한두 가지가 아니었을 것이다. 또 동네에 다닐 때마다 사람들은 수근거린다. 한참을 힘들게 적응하며 과연 내가 어머니를 따라 베들레헴에 온 것이 옳은 선택이었을까 속으로 고민한 적도 있었을 것이다. 그런데 보아스가 그녀에게 "네가 한 모든 일을 하나님이 보답해 주시고 상 주시기를 원한다"고 말해 주었다. 여기까지 온 것은 하나님께 상 받을 만한 훌륭한 일이었다고 인정하고 격려해 준 것이다. 룻이 그 말을 들었을 때 그동안의 긴장과 서러움이 눈 녹듯 녹지 않았을까? 또한 보아스는 룻이 어머니의 고향으로 따라온 일을 "하나님의 날개 아래 보호받으러 왔다"고 표현했다. 이 남자, 시인 아닌가! 룻은 그 말을 들으며 바로 이곳이 하나님의 보호 아래 살 수 있는 곳이라는 사실을 다시 한번 확인했을 것이다.

칭찬을 해도 대충하지 않고 이렇게 구체적으로 해주는 사람과 한평생을 함께 산다고 상상해 보자. 고래도 칭찬하면 춤을 춘다는데, 당신은 얼마나 춤추며 살겠는가? 보아스처럼 말하는 사람을 봤다면, 절대 놓치지 말길 바란다. 이런 사람과 산다면 없던 힘도 낼 수 있다. 그리고 자신을 살펴보자. 당신은 보아스처럼 마음을 다해 누군가를 칭찬하고 격려해 본 적이 있는가?

사람은 말을 해봐야 상대를 안다. 겉모습 말고 내면을 알려면 대화밖에는 방법이 없다. 그런데 '썸' 조차 일어나지 않는 이유 중 하나는 아예 새로운 사람과 대화하지 않기 때문이다. 제발 말 걸기 쉬운 사람이 되자. 콧대 높은 사람이 되지 말자. 세상에서 제일 말 걸기 좋은 편안한 사람이 되길 바란다. 나이 들수록 썸이 어려운 이유는 알고 지내는 사람과만 교제하고 아예 새로운 사람과는 대화하지 않으려 하기 때문이다. 철벽만 높게 치는 사람이여, 그 벽을 무너뜨리기 바란다. 차가운 인상 때문에 사람들이 말을 잘 걸어오지 않는다고 변명하지 말자. 차가워 보여도 말이 친절하면, 그 사람은 친절한 사람이다. 오히려 반전 매력으로 다가갈 수도 있다.

말을 친절하게 하는 방법은 별것이 아니다. 우선 웃는 얼굴로 인사를 밝게 하고, 밥은 드셨냐고, 오늘 일은 어땠냐고 아주 일반적인 이야기로 대화를 열어 보자. 또 질문이 들어오면 부끄러워하며 단답형으로 겨우 대답하는 것이 아니라 보아스처럼 따뜻하게, 구체적으로 대답하길 바란다. 기왕이면 칭찬까지 곁들일 수 있으면 더 좋다. 항상 첫 만남이 중요하다. 처음부터 말 걸기 어려운 사람이라면 다음에 다시 마주친다 해도 상대는 어차피 이 사람은 대화를 좋아하지 않는 사람이라고 생각해서 아예 말 걸 생각조차 하지 않을 것이다. 말 걸기 쉬운 사람이 돼야 썸도 탈 수 있다.

말 걸기 쉬운 사람이 되자

나는 학창 시절 여자 친구들끼리 엄청 뭉쳐 다녔다. 또래 친구들이 다섯 명 정도 되었는데, 수업 때마다 두세 명이 항상 같이 있었다. 당연히 의지도 되고 수다도 떨 겸 친구들끼리 딱 붙어 있었는데 어느 날 친한 오빠가 슬며시 조언해 줬다. 너희 끼리 너무 붙어 있으니 남자들이 관심이 있어도 말 걸기가 어렵다는 것이었다. 가끔은 혼자 있어야 다가가서 말을 걸 수 있지 여자 세 명이 딱 붙어서 틈을 주지 않으니 어느 누가 거기에 껴서 말할 수 있겠냐는 것이다.

생각해 보니 백번 맞는 말이다. 쉬는 시간에도 와다다다 모여서 자기들끼리 수다 꽃을 피우는 여자 무리를 뚫고 들어 갈 남자는 없다. 친구들이 학교에 오지 않아 혼자 밥 먹게 생겼 는가? 외로운 그날을 기회로 삼자. 만날 앉던 자리 말고 다른 자리에도 앉아 보고, 옆에 있는 사람에게 말도 걸어 보고, 놓친 것이 있다며 노트도 보여 달라고 부탁해 보자. 아니면 친구가 학교에 오지 않을 때까지 기다리지 말고, 이번 주는 절친들과 모두 떨어져 앉기를 시도해 보면 어떨까? 벽이란 벽은 다 무너 뜨리자.

그렇다고 해서 모든 사람과 말을 많이 하라는 것이 아니다. 새로운 사람이 접근할 수 있도록 진입장벽은 낮추되 자신과 잘 통하는 사람을 만나야 한다. 청년들이 어떤 사람과 결혼하면 좋냐고 물을 때마다 나는 잘 통하는 사람이 좋다고 답한다. 내 곁에 있는 평생 친구, 둘도 없는 나의 절친인데 잘 통해야지 않겠는가. 소통이 되지 않는 사람과 평생 같이 살아야 한다면 상상만 해도 가슴이 답답해지고 뒷목이 당겨 온다. 배우자와 이야기 나누면 재밌고, 같이 있을 때 시간 가는 줄 모른다면 그것만큼 살면서 행복한 일이 없다. 세상 풍파에 치이고, 안 맞는 사람들에 둘러싸여 일하다가 집에 돌아가니 내 속을 털어놓을 수 있는 절친이 기다리고 있다면 얼마나 좋은 일인가? 집에 가는 발걸음이 가벼울 수밖에 없다. 꼭 이런 절친과 살길 바란다.

소통이 잘 되는 사이라고 해서 꼭 둘 다 말을 많이 해야 하는 것도 아니다. 친구 사이를 보자. 절친이라도 말이 많은 사람이 있고, 항상 듣고만 있는 사람도 있다. 또는 절친인데도 대화를 주절주절 안 하는 사이도 있다. 둘이 축구 동호회에 가서 땀나게 달리고 따뜻한 밥 한 그릇 먹으면 좋은 사이도 있지 않은가? 더 심한 경우도 있다. 둘이 항상 같은 시간에 체육관을 가는데 시간만 맞춰 갔지 각자 다른 루틴으로 운동하고 나온다. 이 둘은 체육관에 입장과 퇴장만 같이 하는데도 좋단다. 같이 가는 덕분에 꾸준히 운동하게 되고, 지겨운 운동 중에 저 멀리서 친구가 열심히 운동하는 모습을 보면 자기도 힘내서 또 하게 된다는 것이다. 그 와중에 서로 운동 팁을 주고받으며, 국가 대표 선수처럼 식단을 조언해 주는데 그게 그렇게 유익하고 재밌단다.

남녀도 마찬가지다. 만나서 별다른 대화 없이 둘이 서로 좋아하는 음악을 들으며 시간을 보낸다. 그런데 그 시간이 편안하고 시간 가는 줄 모르면 소통이 잘 되는 것이다. 또 한 사람은 말을 많이 하는데 다른 사람은 그 이야기를 재밌게 잘 들어 줘서 또 만나고 싶다면 이 둘도 잘 통하는 사이다. 말도 별로 안 했는데 어떻게 이 둘은 잘 통한다고 느끼는 것일까? 대화라는 것이 꼭 말로만 하는 것이 아니기 때문이다. UCLA의 심리학 박사인 앨버트 매버리언(Albert Mehrabian)은 대화에서 말의 내용은 7퍼센트만 차지하고 나머지 93퍼센트는 비언어적인 것으로 이루어진다고 했다. 몸짓, 표정, 태도, 목소리 톤 등이 말의 내용보다 훨씬 많은 것을 전달한다는 것이다. 그러니 언어가 아니라도 둘이 잘 통할 방법은 많다.

나는 말에 에너지를 빼앗기는 스타일이다. 말을 많이 하면 에너지가 쏙 빠져나간다. 아무리 보고 싶었던 사람이라도 헤어지고 나면 집에 돌아와서 한숨 자야 한다. 잠시 10분이라도 눈을 붙여야 정신이 차려진다. 그러니 연애할 때도 남편이 이야기를 많이 해주고 나는 듣는 편이었다. 남편도 말 없는 스타일인데 나를 만나 말이 많아졌다고 했다. 그런데 둘이 만나면 시간 가는 줄 몰랐다. 말이 문제가 아니라 잘 통한 것이다. 잘 통하는 사람을 만날 때까지 해야 할 일은 무엇일까? 내 주위의 벽은 낮추고 말 걸기 쉬운 사람이 되자. 새로운 사람과 대화가 없다면 썸도 없다.

Q.

당신을 향한 하나님의 계획은 완전하다는 것을 믿는가? 아니
라면 믿지 못하는 이유는 무엇인가?

Q.

나는 사람과의 만남을 소중하게 여기는가?

Q.

내 주위에 없애야 할 진입장벽이 있는가? 첫인상이
차갑고 말 걸기 어렵다는 이야기를 듣지는 않았는가?

Q.

대화에서 기회를 놓치고 이불킥했던 경험은 없나?
다시 기회가 생긴다면 어떻게 말하겠는가?

12 | 지금이 연애하기 가장 좋은 때다

룻은 솔직히 연애할 생각조차 못 했을 것이다. 상황이 말
이 아니었다. 남편은 죽었지, 시어머니는 모셔야지, 생계를 책
임져야지, 게다가 생전 살아 보지도 않았던 어머니의 고향 땅
으로 왔다. 새로운 동네로 이사 가는 것도 어려운데 아예 타국
으로 왔다. 게다가 새로운 일도 시작했다. 말이 일이지, 이삭
줍기는 푸드 뱅크에서 음식을 얻어 와 먹는 것처럼 가장 어려
운 사람들이 살아가는 방법이었다. 이것도 입에 풀칠할 정도
이상을 거두어 남기려면 추수하는 하인의 뒤꽁무니를 하루
종일 쫓아다녀야 했다. 베짱이처럼 여유 부리면서 밭에 나갔
다가는 땅에 떨어진 이삭도 구할 수 없었다. 만약 당신이 룻과
같은 생활을 하고 있다고 상상해 보라. 연애는 사치처럼 느껴
질 것이다. 적어도 지금은 아니라고, 아니 앞으로도 쭉 그런 일

은 나에게 없을 거라고 생각할 수도 있다.

현실이 고달픈들 썸이 없으랴

─────────────────────────────

룻이 첫날 하루 종일 일한 것을 재어 보니 이삭이 한 에바 쯤 되었다고 했다. 지금 단위로 22리터 정도의 양이다. 1리터 짜리 큰 콜라병 스물두 개만큼 주웠으니, 룻은 부끄러움을 따지지 않고 성실히 일하는 여인이었다. 이렇게 열심히 적응하며 살고 있는데 룻이 결혼 생각, 연애 생각이나 할 수 있었겠는가? 그런데 이때 그의 시어머니 나오미가 나선다. 내가 현실에 치여 허덕일 때는 옆 사람이 중요하다. 룻이 집에 돌아가서 나오미에게 오늘 보아스에게 은혜를 입고 그 밭에서 일을 했다고 전했다. 그랬더니 시어머니가 먼저 나서서 연애 코치를 자처한다.

> 나오미가 자기 며느리에게 이르되 그가 여호와로부터 복 받기를 원하노라 그가 살아 있는 자와 죽은 자에게 은혜 베풀기를 그치지 아니하도다 하고 나오미가 또 그에게 이르되 그 사람은 우리와 가까우니 우리 기업을 무를 자 중의 하나이니라 하니라
> | 룻 2:20 |

그녀는 룻에게 보아스가 연애하기 좋은 상대라고 알려준다. 오늘 우연히 만난 보아스가 가까운 친척으로 룻과 결혼이 가능한 사람, 기업 무를 자 중에 하나라니 놀라운 일이다. 그러고 보니 보아스도 그녀에게 호의적이었던 것 같다. 그녀에게 목마르면 하인들이 먹는 물을 마시라고 허락해 주고, 점심시간에는 자기 식탁에 함께 앉아 점심밥을 먹도록 해주었다. 또한 그녀 모르게 하인들에게 추수할 때, 곡식 다발을 땅에 조금씩 더 버리라고 했다. 룻이 이삭을 22리터나 주운 것이 오직 룻이 부지런해서만 가능했던 일이 아니었다. 보아스가 룻 모르게 힘을 보탰기 때문이다. 또 앞으로는 보아스의 밭에서만 일하라고 하지 않았는가? 말씀을 보면 룻이 보리 추수 시작할 때 베들레헴에 이르렀다고 나온다(룻 1:22). 보리 추수는 3-4월이고 밀 추수가 4-5월에 이루어지니 거의 세 달을 그의 밭에서 보호받으며 일할 수 있었다.

이미 보아스와 안면도 익혔고, 남들과는 다른 특별한 배려를 받긴 했지만 보아스가 과연 룻의 연애 상대일까? 룻의 지금 상황이 연애해도 될 만한가? 남편이 죽고 시어머니 고향에 따라왔다. 그런데 오자마자 연애를 한다면 사람들이 뭐라고 하겠는가? 연애는 좀 더 상황이 안정되고 난 후에 하는 것이 낫지 않을까? 그런 의미에서 본다면 나오미의 반응도 너무 설레발이다. 그런데 이 안 좋은 상황에도 나오미가 룻에게 보

113

아스를 추천한 이유가 있었다.

이스라엘 사람들에게는 하나님께 분배받아 조상 대대로 내려오는 자기 토지가 있었다. 그 땅은 영구히 그 집안 것으로 보존해야 했다. 그런데 가정 경제가 어려워 다른 이에게 그 토지를 팔아야 하는 상황들이 이따금 생겼다. 살다 보면 살 만한 날, 그렇지 않은 날이 불쑥 찾아온다. 사정이 어려워져 땅을 팔게 되기도 한다. 다만 그렇다 해도 팔았던 땅을 돌려받을 방법이 있었다. 하나는 희년에 땅을 되찾는 방법이다. 땅을 이 사람 저 사람에게 사고팔고 하다가도 50년마다 돌아오는 희년이 되면 하나님이 그 땅을 맡기셨던 본 주인에게 땅을 되돌려 주었다. 유대인에게 땅은 평생 개인이 소유할 수 있는 것이 아니라 하나님의 것을 맡아 쓰는 개념이다. 그러니 땅을 샀다고 해서 평생 내 땅이 되는 것이 아니라, 때가 되면 하나님이 처음 맡기신 사람에게 되돌아 가는 것이 원칙이었다.

그런데 문제는 희년이 50년마다 돌아온다는 것이다. 부모님 때에 땅이 팔렸는데 희년이 올 때까지 기다리다가는 평생에 내 땅에서 몇 번 농사도 못 지어 보고 끝날 수 있었다. 이렇게 시기가 안 맞을 때는 다른 방법이 있었다. 형편이 괜찮은 형제나 가까운 친척이 그 땅을 대신 사주는 것이다. 그렇게 땅을 대신 사주는 사람을 히브리어로는 '고엘', 한국말로는 '기업 무를 자'로 부른다.

그런데 기업 무를 자는 땅뿐만이 아니라 대를 이어 주는 것도 가능했다. 남자가 결혼했는데 자손 없이 죽은 경우, 그 아내는 먹고살 방법이 없었다. 부계 사회에서 여자가 재산을 소유하려면 남편이나 아들이 꼭 필요했다. 그래서 마련한 방법이 남편의 형제와 재혼하여 아들을 낳는 것이었다. 그리고 그 아들은 큰아버지나 작은아버지의 자녀가 아니라 죽은 남편의 자녀로서 대를 이었다. 만약 남편의 형제도 없다면 죽은 남편의 가까운 친척부터 '기업 무를 자'가 될 수 있었다.

룻은 남편을 잃었고, 남편의 형제도 남지 않았다. 그럼 가까운 친척에게 순서가 넘어가는데, 그 가까운 친척이 바로 보아스였다. 보아스는 이 집안을 대신해서 땅을 되찾아 줄 능력도 있고, 인품도 좋았다. 게다가 룻에게 상당한 호의도 보였다. 시어머니가 나서서 적극 연애를 권장한 이유가 있었다.

그런데 인생은 산 넘어 산이라고, 좋은 제도는 있었지만 막상 기업 무를 자가 되어 주는 경우가 별로 없었다. 왜냐하면 기업 무를 사람에게는 득이 없는 제도이기 때문이다. 내 돈으로 땅을 사지만 남의 이름으로 사는 것이고, 자식을 낳아도 내 족보에 올릴 수도 없으니 완전히 남 좋은 일만 하는 꼴이다. 이런 상황에서 어느 누가 자진해 기업무를 자가 되겠다고 나서겠는가? 보아스도 마찬가지다. 그런데 이런 상황에 보아스와 룻 사이에 그린라이트, 썸이 있었으니 시어머니로서는 너무 반가운 소식이었다. 그러니 나서서 연애 코치를 해준 것이다.

다들 그러면서 연애도 하고 결혼도 한다

내가 보기에 나오미의 연애 감각은 탁월하다. 일단 룻의 상황이 어렵지만 그렇다고 연애를 못할 상황은 아니라고 판단한 것이 현명하다. 연애는 뭐가 되고 난 다음에, 공부 마치고, 자격증 따고, 돈을 좀 벌고 하는 것이 아니다. 인생은 당신을 차곡차곡 하도록 내버려두지 않는다. 1교시 마치면 2교시가 찾아오고, 점심시간 지나고 하교 시간이 오는 것이 아니다. 삶의 사건들은 동시다발적으로 진행된다.

그게 인생이다. 시험도 보면서, 돈도 벌면서, 연애도 해야 한다. 결혼하고 나서도 현실은 달라지지 않는다. 일도 해야 하고, 육아도 해야 하고, 부모님도 돌봐야 하고, 공부도 짬짬이 해야 한다. 이게 인생을 사는 법이다. 그래서 인생이 쉽지 않다. 룻도 마찬가지다. 새로운 땅에 적응 좀 하고, 집 마련하고, 그다음에 결혼하는 것이 아니라, 이삭 줍는 일 말고 제대로 된 직업을 찾고 결혼하는 것이 아니라, 썸남이 눈앞에 있으니 지금 연애도 해야 한다.

당신은 무엇을 하고 난 다음에, 무엇을 이루고 난 다음에 연애해야겠다고 생각하는가? 다 하고 난 다음은 너무 늦다. 당신이 10대라면 연애보다는 지금 해야 할 일을 먼저 하라고 조언하겠지만, 그 10대를 지나 20대를 거치고 있다면 무조건 지금이 연애 적기라고 생각하자. 솔직히 대부분 20대 때는 돈이 없다. 미래도 불투명하고 진로도 막연하다. 그렇다면 연애를 잠시 미루고 실력과 기술을 연마할 수 있다. 그렇다고 30대에는 나아질까? 좁디좁은 문을 지나 겨우 안착한 직장은 24시간 일을 하도록 들들 볶는다. 그렇다고 직장에서 뛰쳐나갈 수 없다. 그렇게 열심히 사는 사람들이 주위에 쌓였다. 그들이 일만 하는가? 그렇게 바쁜 와중에도 능력을 키우려고 시간을 쪼개서 공부도 한다. 그렇게 쳇바퀴 돌듯 열심히 30대를 지내다 보면 40대가 금방 온다.

바쁘게 살수록 시간도 눈 깜짝할 사이에 지나간다. 40대에는 20대 때보다는 훨씬 안정적이다. 돈도 있고, 직장도 생겼다. 그런데 이제는 사람이 보이지 않는다. 주변에 웬만한 사람들은 결혼했다. 이제는 나도 결혼해야지 생각했는데, 자꾸 조건이 붙는다. 주변에 자녀도 둘 쯤 낳아 가정을 건실히 꾸려가는 친구들을 보다 보면 소박하게 신혼생활하기가 어쩐지기가 죽는다. 그러니 결혼 상대를 찾으려고 하면 할수록 머리만 아프다.

그렇다고 포기할 수는 없다. 당신이 지금 40대라면 50대 보다는 낫다. 50대인가? 앞으로 살 날 중에 오늘이 제일 젊다. 게다가 요즘은 100세 인생이다. 이제 고작 인생 반절 살았다. 항상 지금이 적기다. 더 미루지만 말고 마음을 열어 두자. 나이가 어떻든 당신의 연애는 20대처럼 파릇파릇 생기가 있을 테니 말이다.

콩깍지를 주의하자

나오미의 또 한 가지 장점은 사람을 볼 줄 안다는 점이다. 룻에게 정말 괜찮은 사람을 추천했다. 당신 주위에도 나오미 같은 사람이 있길 기도한다. 내 옆에 사람 볼 줄 아는 누군가 있어서 괜찮은 사람, 아닌 사람을 딱딱 가려 주면 얼마나 좋을까?

그런데 그런 사람이 옆에 있어도 본인에게 들을 귀가 있어야 한다. 사람이 사랑에 빠지면 콩깍지가 씌인다는 게 무섭다. 콩깍지가 씌이면 아무것도 들리지도 보이지도 않는다. 그래서 아무리 현명한 사람이 옆에서 바른 말을 폭포수처럼 해 줘도 사랑에 빠지면 듣기 싫은 말은 아예 들은 척도 하지 않는다. 당신에게 콩깍지가 씌인 경우를 대비하여 미리 말해 주겠다. 항상 주위 사람들이 그 사람을 어떻게 평가하는지 귀 기울이기 바란다. 특히 동성 간에 어떤 평가를 받는지 살펴야 한다. 그 남자의 친구들이 그 사람을 높게 평가하고 인성이 좋다고 말한다면 믿을 만하다. 여자들도 남자들 사이에서는 좋은 평가를 받는데 여자들 사이에서 진짜 아니라고 하는 경우가 있다. 이럴 땐 다시 한번 생각해 봐야 한다.

또 어른들이 아니라고 하면 이유를 들어 봐야 한다. 그 경험과 지혜를 소홀히 여겨서는 안 된다. 나오미는 보아스를 룻보다도 한참 전부터 알고 있었다. 그가 어떻게 자랐는지, 어떻게 살아왔는지, 사람들이 그를 어떻게 평가하는지 이미 알았다. 그래서 룻에게 추천한 것이다.

그렇게 검증된, 좋은 사람이 눈앞에 나타났는가? 연애를 미루지 말자. 지금이 바로 연애할 때다.

Q.

나는 지금 무엇에 바쁜가? 무엇에 집중하고 있는가?

Q.

연애는 언제가 적기라고 생각하는가?
연애를 미루고 있는 이유가 있는가?

Q.

결혼은 언제가 적기라고 생각하는가? 결혼 하기 전에 꼭 해야
할 일이 있는가? 왜 그 일은 결혼 후에는 불가능하다고 생각하
는가?

13 | 일단 썸부터 타자

나오미가 룻에게 너희 썸 타는 것 같다고 말해 줘도 룻은 섣불리 나설 수가 없다. 괜히 "저 좋아하세요?" 했다가 보아스에게 "NO"라는 답을 들으면 사이가 어색해질 것이다. 그리고 어렵게 얻은 일터까지 잃을 수 있다. 먹고 사는 일이 달린 일이니 옆에서 아무리 연애를 권해도 신중해야 한다. 당신도 마찬가지다. 아무 때나 상대방에게 "저 좋아하세요?" 물어본다거나 상대 마음도 모르면서 "저 당신을 좋아해요" 같은 말은 함부로 하지 말기 바란다. 특별히 쉽게 자리를 옮길 수 없는 학교, 직장, 교회 같은 곳에서 실언은 금물이다. 연애와 결혼은 그냥 던지는 것이 아니라 분명한 확신에 찼을 때 하는 것이다.

대학에 입학하면 새로운 사람들을 한꺼번에 만나면서 여기저기 핑크빛이 폭발한다. 그런데 한방에 서로 눈이 맞아 당당하게 손을 잡고 돌아다니며 새 커플의 탄생을 알리는가 하면, 고백했다 차이길 반복하는 안타까운 경우도 있다. 이런 이들을 위해 말한다. 커플은 혼자만 좋아한다고 되는 것이 아니다. 꼭 타야 하는 것이 있다. 바로 썸의 기류다. 썸은 있어도 되고 없어도 되는 게 아니다. 썸은 연애 단계로 가기 위한 필수 코스다.

한 멋진 청년이 그렇게 소망하던 대학에 입학했다. 힘들고 팍팍한 고등학교 시절을 보내면서 항상 꿈꾸던 한 가지가 있었다. 대학교 CC가 되어 교정을 거니는 것이었다. 생각만 해도 미소가 지어지는 좋은 일 아닌가? 그러니 대학에 입학하자마자, 동아리 모임, 학과 모임, 고등학교 동창 모임, 모임이란 모임에는 다 나갔다. 절대 빠지는 법이 없었다. 그렇게 한번 둘러보니 대충 각이 나왔다. 뭔가 관심이 생기는 사람이 눈에 들어온 것이다. 저 정도면 자신의 이상형인 것 같았다. 모임 때 옆에 앉아서 이야기도 해봤는데 말이 잘 통했다. 그래서 용기 내어 그 사람에게 사귀고 싶다고 고백했다. 그런데 상대의 반응이 영 아니었다. 이제 우리가 신입생이고, 알게 된 지 얼마 안 되어서 아직 서로를 잘 모르는 것 같다며 조심스럽게 거절했다.

청년은 괜히 고백했다는 후회와 차였다는 실망감에 마음이 무너져 내리는 듯했다. 이 사실을 아는 친구들과 야식을 먹으며 슬픈 마음을 달랬다. 당장 핑크빛을 뿜어 가며 연애를 시작하고 싶은데 좌절되었으니 얼마나 슬펐겠는가! 그런데 문제는 시간이 얼마 지나지 않아 이 청년이 다른 사람에게 또 고백해 버린 것이다. 얼른 사귀어 보고 싶은 마음과 내가 마음에 들어 하는 그 사람에게 다른 누군가도 고백할 수 있다는 조바심이 만들어 낸 대참사였다. 대학가의 소문은 인터넷 속도보다 빠르고 널리 퍼진다. 이 청년에게 두 번째 고백을 받은 사람은 생각했다. '이 사람이 연애하고 싶어서 안달이 났구나. 어떻게 사랑이 이렇게 쉽지? 차인 지 얼마나 됐다고 나에게 고백하는 걸까? 나를 대타로 선택했구나!' 그래서 바로 거절했다.

청년이여! 당신의 연애를 향한 간절한 마음은 백프로 이해한다. 하지만 썸을 타고 연애하는 것이 순서다. 당신은 썸을 탔었다고 착각할 수도 있다. 문자도 몇 번 오가고, 길에서 만났을 때 반갑게 인사하며 이야기하는 사이였는가? 나를 바라보는 눈빛이 다정했다고? 둘이 커피도 마셔 봤다고? 그건 친구 사이라면 얼마든지 할 수 있는 일이다. 당신은 그 사람과 친구 사이일 뿐, 썸 탄 게 아니다.

썸이 무엇인지 헷갈리는 사람이 있다. 연애와 썸은 아예 다른 차원이다. 썸은 친구 관계보다는 한 단계 더 발전하고 있지만 아직 연애의 진입 전 단계로 본다. 연애를 시작하면 공식적으로 '이 사람이 나의 특별한 친구입니다'를 선포하고 다닌다. 남들 보는 데서 손도 잡고 둘이 나란히 앉아 밥도 먹는다. 밥을 서로 먹여 줘도 그 꼴을 보기 싫은 사람만 눈 감으면 된다. 둘이 남들 눈치 보지 않고, 정말 결혼할 상대인가를 집중적으로 알아보는 단계가 연애다. 그러니 연애하자고 해놓고 아무에게도 알리지 말고 둘만의 비밀로 하자는 사람은 뭔가 의심스럽다. 사랑은 숨길 수가 없다. 게다가 불륜도 아닌데 왜 숨기자고 하는지 도대체 이해할 수 없다. 이런 말을 꺼내는 사람은 애초에 탈락이다. 항상 죄는 숨기고 싶은 법이다.

연애는 공식적인 관계가 되는 것이다. 이렇게 공식적인 연인 관계가 되어 앞으로 배우자가 되었을 때, 어떻게 상대를 위하는지, 배려하는지를 볼 수 있다. 이미 잡아 놓은 물고기라고 소홀히 하는지 아니면 더욱더 상대를 소중하고 귀하게 여기는지 분별할 수 있다. 또한 연애 기간은 이 사람과 내가 평생을 함께 걸어갈 수 있는 사람인지 살펴보는 시기이다. 그러니 연애는 경험 삼아 여러 번 할 일이 아니다. 차라리 썸을 여러 번 타길 바란다.

썸타기도 방법이 있다

썸을 타려면 우선 친구를 두루두루 많이 사귀는 것이 좋다. 이 사람, 저 사람을 알아야 내가 좋아하는 사람이 어떤 스타일인지 알 수 있다. 친구를 많이 사귀고 여럿이서 같이 다녀보면서 그 많은 친구 중에서 나와 잘 통하는 사람, 마음이 설레는 사람이 나타날 것이다. 그럼 그 사람과 따로 커피도 마시고, 영화도 보고, 밥도 여러 번 먹어 보자. 같이 운동도 해보고 도서관에서 시험 준비도 해보자. 이게 썸이다.

이건 연애 아니냐고 물어보고 싶을 것이다. 난 아니라고 생각한다. 아직까지는 썸이다. 친한 친구 사이라고 해두자. 썸을 탈 때 데이트를 여러 번 해보면서 서로 잘 맞는지, 이야기가 잘 통하는지, 관심사는 같은지, 미래를 함께 꿈꿀 수 있는지 여러모로 견주어 보는 것이다. 이렇게 몇 번 따로 만나 보고 이야기도 해보는데 마음이 좀처럼 사그라지지 않고 오히려 활활 불타오르며, 얼른 손도 잡고 싶고, 서로의 손끝이 스치면 짜릿하고, 동네방네 우리 연인 사이라고 자랑하고 싶다면 그때 "나랑 사귈래요?" 작전을 쓰는 것이다. 고백은 데이트를 하기 위해 하는 게 아니라 데이트를 하다가 진짜 이 사람이 내 짝이다 싶을 때 하는 것이다.

우리 주위에 썸도 없이 짧은 연애만 주구장창하는 사람들이 있다. 새로운 사람을 만났는데 조금 괜찮다는 생각이 들면 그냥 "나랑 사귈래요?" 작전을 남발하는 부류다. 이 전법이 통하는 사람은 조금 불공평하게도 첫인상이 좋은 사람일 확률이 높다. 그런데 서로에 대해 아무것도 모르고 만났으니 금방 헤어질 확률도 높다. 다수의 연애 경험을 자랑하지만 모든 연애가 1년 미만이고, 그중 절반 이상이 6개월도 채 가지 못했다면, 솔직히 연애에 대해 아무 것도 모르는 사람이다. 과연 이 사람이 한 것이 결혼을 준비하는 연애였을까? 절대 아니다. 모르는 사람을 만나서 알아 가다가 관심이 사라지면 헤어지기를 반복한 것일 뿐이다. 이런 사람이 말하는 연애 경험은 들을 것도 없다. 당신의 썸보다도 못한 연애를 했기 때문이다. 어쩌면 당신의 친구 사이보다도 못한 관계였을지도 모른다. 사람의 사귐이 이렇게 다를 수 있다. 그래서 이성 친구를 많이 사귀어 봤다고, 연애를 많이 해봤다고 하는 사람을 보면 마음이 쓸쓸해진다. 과연 그게 자랑할 일인가 싶다.

우리가 추구하는 연애는 오직 결혼을 목표로 한다. 둘이 하나되는 하나님의 신비에 참여할 나의 짝을 찾는 일이라 연애는 신중하게 해야 한다. 그래서 대학에 들어가자마자 연애를 시작하기보다는 먼저 친구를 두루두루 사귀길 권한다. 1학년 1학기에 연애를 시작하는 것은 추천하지 않는다. 중간에 헤어져서 학교에 적응을 못 하는 경우를 종종 봤다. 대학은 중고 등학교와는 다르다. 고등학교까지는 초등학교 친구, 중학교 친구, 학원 친구, 동네 친구로 함께 자라온 친구들이 많았다. 그런데 대학에서는 갑자기 생전 처음 보는 전국구의 사람들을 만나게 된다. 신입생들은 끝도 없는 자기소개와 새로운 만남을 통해서 사람들을 알아 간다. 그런데 입학하자마자 연애를 시작하면 자기 이성 친구 말고 다른 친구들을 알아갈 기회가 상대적으로 적다.

대부분 친구들이 수업에서 만난 사람, 친구의 친구들, 과 선배 등 다른 여러 사람과 밥을 먹으며 이야기를 나눠 보는 동안 나는 오직 이성 친구 한 명과만 주구장창 밥을 먹었다. 그러다 최악의 경우 그 한 명과 헤어지고 혼자가 되면 낭패. 남들은 탐색의 기간을 마치고 서로 친한 그룹들이 생겨서 같이 다니는데 이성 친구랑 헤어져서 혼자됐다고 갑자기 어디 끼워 달라고 말하기가 참 어렵다. 그러니 첫 학기는 만나는 모든 사람과 두루 잘 지내 보자. 그러다 보면 말 한마디 더 해보고 싶은 사람을 만나게 될 것이다. 눈길이 자꾸만 가고, 잘 보이고 싶어서 신경이 쓰인다면 좋아하는 사람이 생긴 것이다. 이때는 상대의 눈길도 잘 살펴야 한다. 그 사람 눈빛이 나에게만 다른 것 같고 연락도 자주 오간다. 게다가 종종 만날 일이 생기고 밥도 몇 번 같이 먹었다. 이게 바로 썸의 시작이다.

하지만 아직도 안심은 이르다. 상대도 나와 같은 마음인지 잘 살펴야 한다. 세상에는 원래 이 사람, 저 사람에게 다 잘해서 헷갈리게 하는 사람이 꼭 있다.

어떤 여학생이 공부를 도와달라고 남학생에게 연락을 했다. 그래서 공부를 도와주고 그 김에 같이 차도 마시고 밥도 먹었다. 이야기도 잘 통하고 여학생이 먼저 연락했으니 남학생은 당연히 자기에게 관심이 있어서 연락했다고 생각했다. 그 이후로도 몇 번 공부를 도와주며 데이트 아닌 데이트를 했다. 남학생은 이건 분명히 썸이라고 확신했고, 언제 사귀자고 말할까 시기를 엿보았다. 그런데 우연히 아는 형이 이 여학생과 종종 만나고 있는 것을 발견했다. 알고 보니 이 여학생은 다른 수업을 위해서는 다른 남학생에게도 도움을 받고 있었다. 아뿔싸. 마음은 아프지만 그녀가 자신을 과외 선생님으로 연락한 것임이 파악됐다. 썸이 있으면 상대의 마음이 진심인지 여러 각도로 살펴봐야 한다. 두세 번의 친절한 연락과 만남으로는 부족하다.

교회에는 좋은 사람들, 좋은 리더들이 참 많다. 교회 오빠, 교회 누나, 교회 동생이 좀 좋은가? 그래서 가끔은 헷갈릴 때가 있다. 보통 소그룹에 배정받는데 그러면 리더가 그룹 사람들에게 종종 연락해 준다. 연락처 공유는 물론이고, 안부를 묻는 것도 자연스럽고, 일기처럼 쓴 말씀 묵상도 나누게 된다. 또 소그룹에서 기도제목을 나누니 할 말이 좀 많은가? 데이트에서도 나눌까 말까 한 속 깊은 내용을 매주 한 번씩 만나서 질문하고 답하며 시간을 보내다 보니 그 누구보다 서로에 대해 잘 알게 된다.

어느 날은 질문이 있어서 교회 누나와 통화했는데 어쩌다 보니 30분이나 이야기를 나눴다. 이런 일이 반복적으로 일어나다 보면 나라서 잘해 주는 건지 아니면 모두에게 이렇게 잘하는 건지 헷갈릴 때가 있다. 그래서 나는 교회 청년들에게 암호를 전수했다. 상대의 마음을 확인하고 싶을 때 쓸 수 있는 말이다.

"이렇게 잘해 주시면 저 오해해요."

조금 낯간지러울지는 모르지만, "저 좋아하세요?"처럼 대책 없지는 않다. 상대가 진짜 마음이 있으면 "오해하라고 이렇게 하는 거예요" 할 테고, 그게 아니라면 "내가 리더라서 열심히 챙기는 거예요"라고 말하고 다음부터는 오해 살 만한 행동을 줄일 것이다. 이건 쌍방에 타격이 없다. 썸은 큰 타격 없이 서로를 알아볼 수 있다는 장점이 있다.

룻은 보리 추수와 밀 추수를 마치기까지 거의 3개월을 보아스의 밭에 나갔다. 3개월 동안 썸을 탄 것이다. 보아스가 룻이 일하는 밭에 들르면 점심시간에는 같은 식탁에 앉아 밥을 먹었다. 말이 잘 통하니 서로에 대해서도 아주 많이 알게 되었을 것이다. 또 보아스는 일하는 사람들에게 룻을 함부로 대하지 말고 특별히 더 잘 도와주라고 말한다. 보아스가 처음 만난 룻에게 하나님이 너에게 온전한 상 주시길 원한다고 했는데(룻 2:12), 룻이 하나님께 받은 상은 다른 게 아니라 보아스 같다. 그렇게 보아스가 한결같이 그녀를 잘 챙겨 주고 보호해 주었다. 룻도 보아스보다 더 잘해 주는 주인이 어디 없는지 다른 밭에 어슬렁거리지 않았다. 오직 보아스의 밭으로만 3개월 내내 성실하게 나갔다. 썸은 이렇게 어느 기간 동안 서로의 모습을 가까이서 지켜보며 마음을 확인하는 시간이다. 썸을 잘 탔다면 오히려 연애는 짧게 하고 결혼에 이를 수도 있다.

Q.

사람들을 두루두루 사귀는가? 사랑에 빠지면 친구들을 다 잃어버리진 않나? 연애 중에도 주위 친구들과 좋은 관계를 유지하는가?

Q.

어장 관리와 썸은 어떻게 다를까?

Q.

서로가 좋아하는 것을 어떻게 알 수 있을까? 썸 기간 동안에 서로를 알기 위해 어떤 노력을 할 수 있을까?

14 | 썸일 때 진실하라

　룻은 3개월 동안 보아스의 밭에 나가서 일했다. 룻에게 숨길 것은 하나도 없었다. 이미 온 동네에 소문이 다 나서 보아스에게 더 괜찮은 사람처럼 보이기 위해 가리거나 꾸밀 것이 없었다. 그녀는 모두가 아는 것처럼 미망인이었고, 재산을 다 잃은 집안의 며느리였다. 그리고 지금은 시어머니를 모시고 사는 여인이었다. 그녀에게는 허울 좋아 보이게 꾸밀 돈도 없었고, 지금 당장 먹고살기 급급한 상황이었다. 이런 것들을 보아스라고 모르지 않았다. 보아스도 꽤나 유명인이었다. 온 동네가 그가 밭을 소유한 재력가인 것을 알고 있었다. 또 그가 나그네와 외국인에게 잘 베푸는 사람이라는 것도 모르는 사람이 없었다. 그런 그가 룻에게 특별히 잘해 주는 것도 분명했다. 왜냐하면 식사할 때, 룻만 보아스의 식탁에 앉게 했기 때문이다.

만약 그가 다른 사람에게도 이런 동일한 친절을 베풀었다면 보아스의 식탁에는 앉을 자리가 없었을 것이다. 또 추수하는 3개월간 다른 밭에 가면 그녀가 다치거나 무슨 일이 생길까 봐 이 밭에만 머무르라는 그의 말에는 진심 어린 애정이 들어 있었다. 이렇게 두 사람은 서로에게 솔직했다.

썸을 탈 때, 당신은 어떤가? 스스로를 포장하는가, 아니면 솔직한 모습을 보이는가?

쌩얼도 부끄럽지 않은 사람이라면

어떤 커플이 소개팅으로 만났다. 친한 친구들이 자리를 주선해 줘서 만났는데 서로에게 관심이 생겼다. 몇 번을 더 만났는데 썸에 머무르고 있었다. 한 명이라도 용기를 내면 좋으련만, 서로 눈치만 보고 있었다.

그러던 어느 날 두 사람은 서로에게 솔직해지기로 했다. 그리고 남자가 여자에게 조심스럽게 부탁했다. 꾸민 모습 말고 민낯을 보고 싶다고 말이다. 어떤가? 지금 이 남자의 요청이 선 넘은 무례한 부탁으로 들리는가? 그런데 또 한편으로는 결혼하면 맨날 봐야 하는 모습이 민낯이다. 피부 망가지게 화장한 채로 자거나, 남자가 잠들 때까지 매일 기다릴 수는 없지 않은가. 그 부탁을 받은 여자도 과감했다. 어차피 언젠가는 보여줄 것, 지금 봐서 사이가 깨진다면 어차피 깨질 사이 아닌가 하는 생각이 들었단다. 둘이 만난 곳이 카페였는데 여자는 그 자리에서 일어나 바로 세수를 하고 민낯으로 자리에 앉았다. 그리고 둘은 그 자리에서 사귀기로 했다.

이 이야기를 듣고 둘 다 참 대단하다 생각했다. 카페에서 민낯 보고 사귀기로 했다는 커플은 처음 봤다. 뭐 이런 커플이 다 있나 싶었다. 둘이 짝이었으니 이 상황이 부드럽게 넘어갔지, 다른 남녀였으면 정말 이상하게 끝났을지도 모른다. 그 자리에서 여자가 민낯을 못 보여 주겠다고 버티고 남자는 보여 달라고 졸라대는 것도 이상하고, 남자가 여자의 민낯을 보고 나서 당황하고 어색해했다면 그것도 기분 나쁜 일 아닌가? 그런데 이 커플은 그러지 않았다. 오히려 그 일이 연인으로 발전하는 계기가 됐다. 이 이야기를 듣고 '세상엔 별별 사람이 다 있구나'로 끝나면 안 된다. 이 특별한 커플에게서 분명히 배울 점이 있다. 썸의 단계에서 서로에게 아주 솔직해지기로 한 것이다. 상대를 만나기 위해서 자신을 매일 포장하고 또 포장해야 한다면 썸에서 마음을 정리하는 것이 낫다.

나는 학창시절 대중가요에 도통 관심이 없었다. 친구들은 하나같이 좋아하는 가수, 즐겨 듣는 음악 리스트가 있었는데,

나는 그런 게 하나도 없었다. 가요를 전혀 모르니 친구들이 그런 쪽으로 이야기하면 외계어처럼 들리곤 했다. 흥얼거리는 노래조차 없었고, 부를 노래가 없는 나에게 노래방은 그리 재미있는 곳이 아니었다. 더욱이 노래도 못했다. 그래서 그런 쪽에 일가견이 있던지 음악에 있어서 취향이 분명한 사람을 보면 내심 부러웠다. 가요가 아니면 클래식이라도 좋아하던데, 나는 차라리 음소거가 좋았다. 음악이 너무 감미로워서 커피가 맛있게 느껴진다든지, 음악이 슬퍼서 슬픈 감정에 더 깊이 빠져드는 기분이 싫었다. 나의 감정과 생각이 음악에 휘둘리는 것 같은 느낌이 싫었다. 그러니 공부하면서 음악을 듣는 친구들은 절대 이해할 수 없었다. 그러다가 나름 심각하게 고민이 되기 시작했는데, 나는 그렇다 치더라도 나중에 내가 좋아하는 사람을 만났는데 내가 대중가요나 음악에 문외한이라고 하면 너무 기본적인 소양조차 없는 사람처럼 보이지 않을까 걱정이 들었다. 혹은 감정이 메마른, 이상한 사람처럼 보이면 어쩌나 싶었다. 그렇다고 아는 척, 좋아하는 척을 할 수는 없는 노릇 아닌가? 이런 나를 괜찮게 봐줄까 근심이 됐다. 지금 생각하면 무슨 그런 고민이 다 있나 싶겠지만, 그때는 나름 심각했다.

지금 내 남편은 노래를 잘 부르고, 음악을 정말 좋아한다. 결혼하고 한참 후에 알았지만 그의 이상형은 피아노를 잘 치는 여자였다. 특별히 자기가 노래를 부를 때 옆에서 반주해 줄 수 있는 여자와 결혼하고 싶었단다. 그런데 현실은 자신의 이상형과 정반대인 사람과 결혼했다. 재밌게도 이게 인생이다. 그에게는 미안하지만 나는 음악도 모르고 반주 코드도 모른다. 어린 시절 피아노를 오래 배우긴 했지만 그냥 콩나물 따라칠 줄만 알았지 반주법은 못 배웠다. 남편은 가끔 자기를 위해 반주법을 배워 보라고 하지만 나는 차일피일 미루는 중이다. 아마도 우리 아이들을 가르치는 것이 빠를 것 같다.

연애할 때, 내가 걱정했던 질문들을 남편이 한 적이 있었다. 좋아하는 가수나 노래가 있느냐고 물었는데 나는 당당히 아무것도 모른다고 대답했다. 참 신기한 것이 그 사람 앞에서는 부끄럽지가 않았다. 그전에는 그 부분이 그렇게 걱정이 되더니 막상 이 사람을 만나니까 아무렇지도 않고 숨기고 싶지도 않았다. 내 있는 모습 그대로를 그에게 보이는 데 떳떳했다. 남편에게도 그것이 걸림돌이 아니었다. 당신에게도 당신의 모습을 있는 그대로 봐주는 사람, 솔직해져도 아무렇지 않은 사람이 나타날 것이다. 당신이 자신의 모습을 다르게 꾸미고, 감추어야만 만날 수 있는 사람이라면 그 사람은 당신의 짝이 아니다. 썸 기간 동안 솔직해지자. 내가 평생 함께할 사람은 있던 부끄러움도 사라지게 하는 사람이다. 다른 이에게는 꽁꽁 숨기고 싶은 것도 그 사람 앞에서는 안전하다고 느낀다면 두

말할 것도 없다. 당신의 짝이다.

진실은 숨겨지지 않는다

요즘에는 이혼도 많고 돌싱도 많다. 특히 결혼하고 혼인 신고를 안 해서 서류상으로는 결혼을 했었는지 알 수 없는 돌싱들도 있다. 이들도 당연히 새로운 사람을 만나고 싶고, 시간이 지나다 보면 새로운 사람과 썸도 타게 된다. 당연한 일 아닌가? 그런데 돌싱에게는 사람을 만날 때마다 남들과 다른 고민이 있다. 좋아하는 사람에게 자신의 과거를 언제 고백할지가 큰 문제다. 솔직히 말했다가는 사귀어 보지도 못하고 헤어지게 될까 봐 두렵고, 또 말을 안 하자니 언젠가는 탄로날까 두렵다는 말을 들었다. 반대로 어떤 돌싱들은 당당히 말한다. 요즘 결혼 전에 동거하는 사람들이 얼마나 많은데 자신은 혼인 신고를 하지 않아서 서류상으로도 깨끗하니 문제 될 것이 전혀 없다고 말이다. 사실 물어보지 않았다. 그런데도 꼭 어딘가 찔리는 사람처럼 자신을 합리화하는 이유를 주저리주저리 늘어놓는다.

나는 좋아하는 상대에게 지금 당장 솔직해지라고 권한다.

서류상의 흔적은 차후의 문제다. 우선 당신이 누군가와 결혼했었다는 것은 사실이지 않은가? 당신이 살아온 모든 삶이 바로 당신이다. 물론 상대가 그 이야기를 듣고 놀랄 것이다. 동시에 당신이 얼마나 그 사람을 진지하게 생각하는지도 알 수 있을 것이다. 썸을 타는 중에 자신의 이야기를 솔직하게 내어놓는 것은 바람직한 일이다. 그리고 꼭 해야 하는 일이다. 진실을 들은 상대는 충분히 생각해 볼 것이다. 그리고 거기에서 멈출 수도 있고 당신과 계속 교제하고 싶다고 말할 수도 있다. 거기서 끝이라면 아쉬워할 일이 아니다. 원래 짝이 아니었으니 그 선에서 마무리하는 것이 맞다. 그리고 더 교제하기로 했다면 앞으로의 만남은 전보다 훨씬 더 깊어졌을 것이다. 이제는 마음 졸일 필요 없이 둘에게 집중하면서 서로가 평생을 함께할 짝인지 맞춰 보면 된다.

그런데 이런 고백을 하지 않고 연애를 시작해 버리면 복잡해진다. 꽁냥꽁냥하기도 바쁘고, 눈을 떠도 감아도 행복한 시기에 마음 한구석이 항상 서늘하다. 언제 들킬까 불안하고 언제까지 감춰야 하나 답답하다. 똑같은 과거인데도 연애 중에 상대에게 말하는 것과 썸 중에 말하는 것은 아예 다르다. 썸 때에는 상대를 소중히 여기고 자신을 오픈하는 진실한 썸녀, 진실한 썸남으로 보이지만 연애 중에 말하면 지금까지 속인 사람, 숨긴 사람이 된다. 진실은 똑같은데 고백하는 시기에 따라 천지차이로 다른 사람이 된다. 상대가 왜 이제서야 이 이야기를 하느냐고 원망할 가능성이 높다. 지금까지 날 속이고 만난 거냐고, 왜 지금까지 말하지 않았냐고 화를 낼 것이다. 분명히 연애가 깨질 만큼 큰 홍역을 치루게 될 것이다. 솔직히 여기서 많이 헤어진다. 그래도 진짜 자기 짝이라면 상대는 당신의 과거도 모두 안고 가기로 할 것이다.

더 최악의 상황이 있다. 꽁꽁 숨기고 결혼했는데, 결국 탄로가 났을 때다. 이 경우는 정말 수습이 쉽지 않다. 연애 중에 고백한 것도 소화하기 어려웠지만 결혼 후라면 이제는 아예 다른 차원의 문제가 된다. 이건 법정까지도 갈 수 있는 문제다. 왜냐하면 상대는 당신이 누구인가부터 질문하게 된다. 내 옆에 있는 사람이, 다 안다고 생각하고 결혼한 사람이 아예 모르는 사람이었다. 얼마나 황당한 일인가? 그동안 당신이 보여 줬던 모습 중에 어디서부터 어디까지가 진실이고, 거짓인지 갈피를 잡을 수 없다.

거짓말은 항상 거짓말을 낳는다. 그동안 거짓을 덮으려고 했던 수많은 거짓말 때문에 당신의 존재 자체가 의심스럽다. 사랑과 축복이 가득했던 결혼식도 가짜였다. 거기에 참석한 하객들도 가짜였다. 부모님, 친척들, 친구들 다 한통속인 사기꾼으로 보인다. 어제까지는 하나밖에 없는 나의 배우자였는데 이제는 완벽한 사기꾼같이 느껴진다. 사기도 이런 사기가 없다. 상대의 부모님도 함께 거짓말한 것이 아닌가? 분명 자기 자녀의 결혼이었는데 몰랐다고 할 수 있겠는가? 그러니 거짓말을 세트로 한 집안을 어떻게 다시 보겠는가? 솔직하게 말할 수 있는 기회는 얼마든지 있었는데 여기까지 이렇게 왔다는 게 끔찍하다.

진실은 아무리 숨겨도 튀어나오기 마련이다. 온갖 연기를 하며 숨겨도 아무도 예상하지 못한 곳에서 진실이 걸어나온다. 그런데 그 진실을 본인의 입을 통해 듣지 못하고 다른 방법으로 알게 되면 배우자의 배신감과 슬픔, 절망은 상상 이상이다. 정말 슬프지만 청년 사역을 하면서 이런 경우를 몇 번 봤다. 밖에서도 아니고 교회 안에서 만났는데 이렇게 결혼한 사람이 있었다. 상대방이 결혼했었다는 과거를 알게 된 당사자 중에 어떤 사람은 가슴을 쓸어내리며 눈물로 함께 살아 보려고 애썼다. 사랑했고 이미 결혼식을 올렸으니 이 가정을 지켜내려고 노력했다. 하지만 회복은 절대 녹록하지 않았다. 상대에게서 다른 거짓말이 드러날 때마다, 아니면 의심이 들 때마다 또 어떤 폭탄이 숨어 있는가 불안해서 살 수가 없다. 그동안의 시간을 기억할 때, 진실한 사랑은 온데간데없기 때문이다. 아름다운 추억들이 한순간에 전부 왜곡되어 보인다. 속인 사람이 평생을 속죄하는 마음으로 살겠다고 무릎을 꿇고 싹싹 빌고, 속은 사람은 배우자를 진심으로 용서해 보려고 노력해도 원점으로 돌아가기가 정말 어렵다. 이렇게 거짓으로 결혼을 시작하면 진실이 설 자리가 없다.

천번 만번 권한다. 썸일 때, 솔직하자. 이미 연애를 시작했다면 지금이 일생일대의 마지막 기회라고 생각하고 꼭 솔직하게 고백하기 바란다. 속죄하는 마음으로, 사랑하는 사람을 놓치고 싶지 않다는 심정으로 진실을 내어놓기 바란다. 지금 당신이 이혼한 것을 속죄하라는 것이 아니다. 당신의 눈앞에 있는 사랑하는 사람에게 진실하지 않았다는 것이 잘못이다. 이렇게 솔직하게 고백하고 난 뒤에 헤어지게 된다면 인연은 거기까지였던 것이니 미련을 가질 필요도 없다. 당신의 짝이 아니었으니 아쉬울 것도 없다. 그런데 상대가 지금까지 숨긴 것을 용서해 주고 받아 준다면 평생 감사하며 살 일이다. 무엇보다 감사한 것은, 당신이 신뢰할 수 있는 관계, 진실에 기초한 가정을 세울 수 있는 기회를 놓치지 않았다는 것이 천만 다행이다. 그러니 제발 지금 솔직하자.

이런 황당한 경우를 몇 번 겪고 난 후, 우리 부부는 결혼하겠다고 찾아오는 모든 커플에게 무조건 빼놓지 않고 당부한다. 지금까지 살아오면서 혼인 신고를 하지 않았더라도 부모님을 모시고 사람들 앞에서 결혼식을 올린 적이 있거나, 결혼까진 안 갔더라도 자기를 통해 세상에 나온 아이가 있다면 당장 상대방에게 솔직하게 말하라고 권한다. 그나마 지금 이 시점에서 고백하면 당신이 지금까지 숨긴 것을 상대가 용서해 줄 수도 있지만, 결혼하고 이 사실이 알려진다면 결코 용서받을 수 없을 것이라고 말한다. 어찌저찌 우여곡절을 넘기고 둘이 계속 살아 보겠다고 결심해도 당신이 꿈꾸는 가정을 이루기란 심히 어려울 것이라고 경고한다. 또한 '지금까지 숨겼는데 어떻게든 끝까지 숨기면 되겠지' '더 철저하게 숨겨야지'라는 얼토당토않은 생각은 당장 갖다 버리라고 말한다. 왜냐하면 진실은 죽을힘을 다해 숨겨도 절대 숨겨지지 않고 스스로 걸어 나오기 때문이다. 물 밑에 가둬 놓을 수 없는 기름처럼 진실이 불쑥 눈앞에 나타나는 사례가 한두 건이 아니다. 그 검은 기름을 어떻게 물속에 집어넣을 수가 있을까? 진실은 예고도 없이 뉴욕 타임스퀘어의 화려한 전광판처럼 손발을 다 사용해도 막을 수 없는 크기로 나타날 테니 숨길 생각은 꿈도 꾸지 말아야 한다. 그러니 가장 사랑하는 사람과 하루하루 마음 졸이며 사는 바보 같은 짓은 절대 하지 말고 말해야 할 것이 있으면 지금 당장 고백하라.

아직 연인 사이인 이들에게 이런 말을 하면 별말씀을 다 한다며 대부분 웃지만 그중에 웃지 못하는 사람이 꼭 있다. 이 당부를 듣고 마지막 기회를 잡은 사람이 실제로 있었으니 꼭 명심하자.

Q.

당신은 사람을 만났을 때, 자신의 어떤 부분을 잘 포장하는가?
특별히 감추고 싶은 것이 있거나 더 좋게 보이고 싶은 부분이
있는가?

Q.

당신이 다르게 보이고 싶은 부분이 바꿀 수 있는 부분이거나
개선이 가능하다면 그렇게 변화되도록 실행 방안을 생각해
보자.

Q.

만나면 설레면서도 내 솔직한 모습을 보이기 편안한 사람이
있는가? 이 사람과는 당장 식사 약속을 잡기 바란다. 그 사람
에 대해 하나라도 더 알아가 보자.

PART 4。

연애의 본질

15 | 고백하기 좋은 날, 좋은 순간

내가 좋아하는 사람이 나를 좋아해 주는 것 같다. 매일 서로 연락 하고, 시간만 나면 데이트 약속을 잡는다. 그리고 만나서 이야기를 나누면 시간 가는 줄 모르겠다. 남들에게는 부끄러웠던 내 모습이 이 사람 앞에서는 솔직해진다. 상대방에 대해서도 더 많이 알고 싶다. 이런 썸을 타고 있다면 어서 이 썸을 마무리하고 사람들 앞에 공식적인 관계로 당당하게 손잡고 나타나고 싶을 것이다.

썸은 아무리 길어도 상관이 없다. 썸처럼 가슴 설레고 풋풋한 시간을 맘껏 누리기 바란다. 그런데 이런 시간이 길어지다 보면 상대방이 참다못해 "도대체 우리는 어떤 사이인 거예요?" 하고 물을 것이다. 그럼 그때 자신있게 "우리 오늘을 1일로 합시다" 외쳐도 된다. 이런 상황이라면 백퍼센트 확률을 넘어 이백프로 성공이니 얼마나 좋은가? 섣불리 고백했다가 차이느니 썸을 즐기며 조심하고 또 조심하는 편이 낫다.

썸을 아무리 잘 탔다 해도, 여기에는 실패할 확률이 분명히 존재한다. 그러면 어떻게 해야 할까? 힌트를 주겠다. 고백은 그 어떤 날보다도 상대가 기분 좋은 날 해야 한다. "Yes"를 받을 확률이 백퍼센트라고 자신해도 상대가 기분좋은 날 하면 150퍼센트가 될 수 있다. 이렇게 확률 굳히기에 들어가야 한다. 모든 것을 완벽하게 계획했어도 상대방이 회사에서 잘린 날은 피해야 한다. 병원에서 좋지 않은 결과를 받은 날은 고백하는 날이 아니다. 며칠을 고백하기 위해 애썼어도 오늘 그런 소식을 들었다면 바로 계획을 철회할 줄 아는 것이 지혜다. 안 좋은 것을 좋은 것으로 메꿔 봤자 원점이다. 좋아하는 사람이 힘든 시간을 겪고 있다면 조용히 옆에서 최선을 다해 도와주며 괜찮아지는 날을 기다려야 한다. 괜히 머리 아프고 심란한데 더 정신없게 할 것이 아니라 이 시간을 잠잠히 함께 보내고 난 뒤에 고백하면 더 빛나는 고백이 된다.

평소에는 숨 쉬는 고마움을 잘 모른다. 그러다 바다 깊은 곳에 들어갔다가 한참 만에 수면에 올라와 숨을 시원하게 내쉬었을 때 온 세상이 아름다워 보일 것이다. 좋아하는 사람이 어려운 일을 당했을 때는 잠시 숨을 고르고, 편하게 숨을 내쉴 만한 때가 오면 고백할 날을 잡자. 왜냐하면 우리는 모두 소중하기 때문이다. 축구공처럼 뻥 차여도 되는 사람은 없다. 사랑했던 사람에게 차인 상처에서 쉽게 나올 수 있는 사람은 아무도 없다. 그러니 사랑 고백은 상대의 입에서 "Yes"가 나올 수밖에 없을 때까지 기다렸다가 하기 바란다. 또 아무리 백퍼센트 "Yes"를 따 놓은 당상이라도 신중하게 모든 지혜를 동원해서 고백하기 바란다.

연애 코치 나오미는 룻의 고백하는 날을 찰떡같이 골랐다. 그날은 보아스가 일년 중에 가장 기분 좋을 만한 날이었다. 나오미가 말해 주는 고백의 기술을 새겨 들어 보자.

네가 함께하던 하녀들을 둔 보아스는 우리의 친족이 아니냐 보라 그가 오늘 밤에 타작 마당에서 보리를 까불리라 그런즉 너는 목욕하고 기름을 바르고 의복을 입고 타작 마당에 내려가서 그 사람이 먹고 마시기를 다 하기까지는 그에게 보이지 말고 그가 누울 때에 너는 그가 눕는 곳을 알았다가 들어가서 그의 발치 이불을 들고 거기 누우라 그가 네 할 일을 네게 알게 하리라 하니

| 룻 3:2-4 |

나오미는 모든 추수를 마치고 보리를 까부는 밤, 제일 큰 잔칫날을 디데이(D-day)로 잡았다. 그동안은 룻이 땅에 떨어진 곡식 주으러 가는 김에 보아스도 매일 봤다. 먹을 양식도 구하고, 썸도 탔으니 밭에 나가 일하는 것이 즐거웠을 것 같다. 그런데 이제 추수가 끝났으니 일한다는 명목으로 보아스를 볼 수 없게 되었다. 그래서 추수의 마지막, 보리를 까부는 날을 고백의 날로 잡았다.

왜 이날이 가장 고백하기 좋은 날인가? 룻이 추수기간 중에 급하게 고백했다가 차이기라도 한다면 당장 삶이 곤란해질 수 있다. 보아스를 다시 보기도 부끄러운데 달린 입이 뭐라고 먹고 살려고 보아스 밭에 계속 나간단 말인가? 룻도 그 정도의 자존심은 지켜야 하지 않겠는가? 그런데 오늘은 어차피 보아스와 마주치는 마지막 날이다. 보아스에게 고백했다 차여도 뒤가 깔끔하다. 다시 볼 일이 없다. 마주치면 어색한데 구질구질하게 일 때문에 나오지 않아도 된다. 나오미는 골라도 이런 날을 참 잘 골랐다. 여기서 착각할 것 같아 말하는데, 군

입대 직전에 고백하라는 말이 아니다. 정말 이런 남자가 있다면 사람도 아니다. 어쩌자는 것인가. 1년이라도 사귀다가 사랑하는 사람을 군대에 보내면 당장 보고 싶어도 볼 수 없는 시간을 견딜 만한 추억이라도 있다. 그런데 아무것도 없이 떠날 거면서 고백하면 어쩌자는 것인가. 고백하는 타이밍은 나에게도 깔끔하지만 좋아하는 상대에게도 깔끔한 날을 골라야 한다.

나오미는 룻에게 보아스가 사람들과 즐겁게 파티를 즐기고 난뒤 혼자 조용한 곳에 머무는 시간에 보아스를 찾아가라고 했다. 고백하는 시간까지 완벽했다. 밤은 깊었고, 별은 빛나고, 바람은 살랑 살랑 불고, 일 년 추수를 끝내고 푹신한 볏단 위에 누웠을 때, 보아스는 얼마나 뿌듯하고 든든하고 행복하겠는가.

연애는 타이밍이라는 말을 많이 들었을 것이다. 고백도 타이밍이다. 아무 때나 막 고백하면 망한다. 많이 하는 실수가 여기에서 나온다. 오늘 술 한잔하고 내 기분이 들떠서 핸드폰에 대고 고백하면 안 된다. 또 나 혼자 사랑이 솟구쳐서 막무가내로 찾아가 하는 것도 금물이다. 다시 말하지만 내 기분이 좋을 때, 내 느낌이 꽂혔을 때 고백하는 것이 절대 아니다. 고백은 내 기분이 아니라 상대가 가장 기분 좋은 순간에 하는 것이다.

진짜 괜찮은 사람이 있었다. 그런데 그가 고백했다가 차였다는 이야기를 들었다. 그는 좋아하는 상대와 문자도 몇 번 주고받았고, 그 여자가 속한 친구들과 함께 밥을 먹은 적도 있었다. 이야기도 나눠 보니 잘 통하고 자기가 이야기할 때마다 여자가 항상 웃길래 자신을 괜찮게 생각한다고 믿고 있었다. 나름 썸이라고 착각하고 있었던 것이다. 한동안 그녀를 좋아하는 마음만 품고 지냈는데, 어느 날 지하철에서 우연히 그녀와 마주쳤다. 인사하고 헤어지는데 그날만큼은 그냥 헤어질 수 없겠다는 마음이 들었다. 집에 가는 그 여자의 뒤를 쫓아갔다.

그녀는 걷는데 뭔가 이상한 기운을 감지했다. 사람은 영적인 존재다. 눈으로 보지 않아도 뒤통수로 느껴지는 서늘함이 있다. 그래서 뒤를 돌아봤는데 그 사람이 뒤에 있었다. 퇴근길의 수많은 사람 중에 있는 그 사람을 딱 봤는데 비장한 그 눈이 무서워 보였다. 분명히 이쪽으로 갈 사람이 아닌데 날 쫓아온 건가 생각하니 더 무서웠다. 남자는 여자와 눈이 마주치자 기다렸다는 듯이 잠깐 이야기 좀 하자고 했다. 여자 속도 모르고 거기서 바로 좋아한다, 사귀고 싶다고 고백했다. 여자는 남자의 고백도 갑작스럽고, 더군다나 집으로 가는 길을 쫓아왔으니 순간 스토커 같다는 생각까지 들었다. 그래서 사귈 생각이 없다고 대답했다. 이 일 이후로 그 둘은 어떻게 됐을까? 가벼운 인사조차 어색한 사이가 되었다. 정말 안타깝다. 남자는 본전도 못 찾았다. 좋은 사람이지만 고백의 지혜가 아예 없었다.

반면에 어디 공동체에나 이성과 참 잘 사귀는 사람들이 있다. 교회에도 있고, 회사에도 있고, 학교에도 있다. 우리는 일명 그들을 선수라고 부른다. 고백도 잘하고, 사귀기도 잘하고, 헤어지기도 잘한다. 하여튼 연애는 끊임없이 한다. 분명히 저 사람이랑 손잡고 다녔는데 시간이 지나 보면 또 다른 사람과 함께 다닌다. 이런 사람을 선수라고 손가락질만 해서는 안 된다. 식당이 잘되면 잘되는 이유가 분명히 있다. 연애 선수는 그냥 선수가 된 것이 아니다. 프로에게는 아마추어가 모르는 비법이 있다. 배울 것은 꼭 배우고 넘어가자.

선수들은 공통적으로 고백을 기가 막히게 잘한다. 그런 지혜는 배워야 하지 않겠나? 한 선수에게 지혜를 구했더니 이런 팁을 알려 주었다. 먼저 괜찮게 여겨지는 이성이 보이면 그 사람 주위를 맴돈다. 주위 사람들에게 정보도 얻고 그가 새벽기도에 나가면 자기도 새벽기도에 가고, 금요철야에 나가면 자기도 금요철야도 나가면서 그 사람 눈에 계속 띄게 한다. 좋아하는 사람의 패턴을 꾸준히 관찰하다 보면 상대가 중요하게 생각하는 것, 좋아하는 것을 알게 된다. 그러다가 예배 끝나고 여럿이서 커피 한 잔 하자는 이야기가 나오면 빠지지 말고 꼭 그 자리에 껴야 한다. 여럿이 이야기를 나눌 테니 부담도 안 되고 상대를 알 수 있는 절호의 기회다. 그런 기회에 좋아하는 사람 가까이에 앉아 자연스럽게 이야기를 나누다 보면 멀리서 보고 좋아했던 그분에 대해 이제는 더 친밀하게 알게 된다고 했다. 그리고 이야기가 잘 통하는지 자신이 하는 말에 반응을 잘하는지 재미있어하는지도 볼 수 있다. 그렇게 단체로 밥도 먹고, 차도 마시고 하다가 일대일로 한 두 마디 더 해보고 인스타그램 팔로우도 하고, 전화번호도 주고받는다. 그렇게 친밀도를 쌓다가 이제는 개인적으로 밥도 먹고 차도 마시는 기회를 마련한다. 이렇게 몇 번을 만나다 보면 그 사람이 자신에게 관심이 있는지 없는지 확실히 알 수 있다. 여기서 마음을 접을지 계속 진행시킬지가 결정되는 것이다. 그러고서도 계속 반응이 좋으면 기막힌 타이밍을 찾아서 고백한다고 알려줬다.

한 선수는 화장품 회사를 다녔는데, 썸녀가 그 회사의 특정 화장품을 좋아한다고 이야기한 적이 있었다. 그가 이 힌트를 놓칠 리 없었다. 바로 그 화장품을 예쁘게 포장해서 그녀에게 건넸다. 여기서 상대방이 좋아하면 더 고백적인 멘트를 날리면 되고, 왜 나에게 이런 선물을 하나 부담스러워하는 것 같으면 "회사에서 나눠 주길래 네가 했던 말이 생각나서 챙겨왔어" 정도로 마무리하면 된다. 그런데 선물을 받은 그녀가 아주 기뻐했다. 당연히 이 선수는 그 찰나를 놓치지 않았다. 앞으로 이 화장품은 오빠가 챙겨 주겠다고 말하며 사귀자고 했다. 역시 선수는 선수다. 괜히 선수라고 불리는 게 아니다. 선수들은 자연스럽게 상대의 삶에 스며든다. 부담스럽지 않게 곁에 머물고, 고백도 상대를 행복하게 만들면서 한다. 그러니 상대는 이 사람 곁에 있으면 편안하고, 기분 좋고, 앞으로도 행복하겠구나 기대하면서 사귐에 들어가는 것이다.

모든 만남은 하나님 손에 달렸다

갑자기 지금까지 실패했던 고백이 떠오르는가? 너무 무 자르듯이 Yes, No의 질문을 받으려고 고백했는가? 뒤는 생각도 해보지 않고 고백했다가 후회가 막심했는가? 내 기분에 취해서 고백했다가 일을 그르쳤었구나 후회가 밀려올 수 있다. 하지만 후회할 필요는 없다. 단도직입적으로 말하자면 당신이 그와, 그녀와 연결되지 않은 것은 잘못된 고백 탓만은 아니다. 물론 고백 방법을 잘 익히고 했다면 지금 당신이 느끼는 부끄러움의 반은 덜었을 것이다. 다만 그와, 그녀와 연결되지 않은 것은 그저 두 사람이 짝이 아니었던 거다. 고백을 능숙하게 해서 성공했다 한들 그 인연이 오래 가지 못했을 수 있다. 괜히 연애하고 시간 보내고 피눈물 흘린 것보다 썸에서 끝난 편이 낫다. 우리 인생은 너무 짧다. 허비할 시간이 없다. 오히려 하나님께 감사하자. 괜한 시간과 당신의 소중한 감정을 낭비하지 않았으니 얼마나 다행인가.

좋아하는 사람과 이어지지 않아서 잠시 마음이 찢어진다 해도 우리에게는 그 무엇과도 비교할 수 없는 소망이 있다. 당신의 인생이 온 만물을 창조하시고 섬세하게 계획하신 하나님 아버지 손안에 있기 때문이다. 그 사람이 하나님이 태초에 계획하신 당신의 짝이라면 지금은 헤어졌어도 언젠가는 서로 성장해서 다시 만나게 될 것이다. 그리고 지금 헤어진 사람이 하나님이 계획하신 당신의 짝이 아니라면 나중에 시간이 지나 진짜 당신의 짝을 만났을 때, 그때 그 사람과 만남이 이루어지지 않은 것이 참 다행이었구나 깨닫게 될 것이다. 그러니 헤어졌다고, 고백에 실패했다고 온 세상이 끝난 것처럼 슬퍼할 필요가 없다.

여기까지 말하면 꼭 삐딱하게 대구하는 사람이 있다.

"그럼 고백의 지혜가 필요 없겠네요. 어차피 만날 사람은

이상하게 고백해도 다 만나고, 아닌 사람은 어쨌든 헤어
지는 거잖아요."

모든 만남이 하나님의 손안에 있다고 해서 휘뚜루마뚜루
대충 고백해 버리거나 관계를 소중히 여기지 않는 사람들에
게 말하고 싶다.

"이 어리숙한 사람아, 그래서 당신은 사랑하는 사람과의
추억이 그렇게 없는 거야."

하나님이 창세 전에 계획하셨던 당신의 짝을 적절한 타이
밍에 서로 만나게 해주실 수는 있지만 그 연애 내용까지는 드
라마 대본처럼 구구절절히 쓰지 않으신 것 같다. 그러니 고백
할 때는 제발 고백의 지혜를 사용하자. 사랑하는 사람과 평생
기억할 만한 아름다운 추억이 그래도 몇 개는 있어야 하지 않
겠는가? 그리고 시간이 지나 나중에 당신의 자녀들이 물어볼
것이다. "엄마 아빠는 누가 먼저 사귀자고 했어? 어떻게 말한
거야?"

이제 고백하는 법을 제대로 배웠다. 상대와 많이 친해졌
고, 나를 좋아한다는 확신이 든다. 진실하게 서로를 알아봐 왔
다. 앞으로 결혼을 꿈꿔 가며 사람들 앞에서 공식적인 관계로

만남을 가지고 싶다. 그렇다면 상대가 가장 기분 좋은 날을 찾자. 그리고 상대가 기뻐하고 행복해할 만한 순간을 계획해 보자. 당신의 인생이 한 치 앞도 모르고, 고백할 줄도 모르는 당신 손에 달려 있지 않고 하나님 손에 있는 것을 감사하면서.

| 고백해도 되는지 점검하기 |

- 이 사람은 나를 자유하게 하며 하나님께 가까이 가게 하는 사람인가, 아니면 내 본 모습을 감추게 하고 하나님과 멀어지게 하는 사람인가?

- 둘만의 데이트를 여러 번 했는가?

- 연락하면 바로바로 답이 오는가?

- 객관적으로, 누가 봐도 그 사람이 당신을 좋아하는 것이 확실한가?

- 사람들에게서 둘이 도대체 무슨 사이냐고 들은 적이 있는가?

- 고백하면 Yes가 나올 확률이 몇 퍼센트나 될 것 같은가?

| 고백 준비 |

- 상대에게 가장 기분 좋은 날이 언제일까?

- 상대는 어떤 것에 행복해하는가?

16 | 당신도 꾸미면 봐줄 만하다

연애 코치 나오미는 하는 말마다 범상치가 않다. 룻에게 무릎을 탁 칠 만한 조언을 한다.

그런즉 너는 목욕하고 기름을 바르고 의복을 입고… | 룻 3:3a |

나오미는 보아스에게 고백하러 갈 때, 먼저 깨끗이 목욕하고, 화장품 바르고, 가장 예쁜 옷을 챙겨 입고 나가라고 말한다. 이삭 줍는 3개월 내내 땀을 줄줄 흘리며 머리 질끈 묶고, 흙 먼지 묻은 옷만 입고 다녔는데 한 번 꾸민다고 뭐가 달라질까? 그런데 다르다. 못 보던 모습을 보게 되면 상대는 새롭다고 느낀다. 저 사람에게 저런 모습이 있구나 놀란다. 없던 호기심도 생긴다. 그 정도로 변신은 사람을 달라 보이게 한다.

연애하고 싶다면 나오미의 말대로 먼저 목욕을 깨끗이 하자. 다 큰 어른에게 깨끗이 씻으라는 말을 하기도 민망하지만 이 말을 들어야 하는 사람들이 분명히 있다. 매일 씻자. 씻는 것은 기본 중의 기본이다. 모자를 쓰고 있어도 머리에 기름이 줄줄 흐르면 당신이 머리를 감지 않은 줄 세상 모두가 안다. 제발 이러지 말자. 기본은 지키자.

깨끗이 씻고 다닌다면 다음 단계는 잘 단장하는 것이다. 그 옛날 룻도 남자를 만나기 전에 기름을 발랐다. 요즘은 남자들도 외모에 관심이 많아서 화장도 하고 머리 모양도 다양하게 꾸밀 줄 안다. 확실에 본인에게 어울리는 피부 톤의 화장을 하고 스타일링을 하면 사람이 달라 보인다. 솔직히 나는 화장을 정말 못한다. 평소 화장을 잘 안 하고 다니다가 웨딩사진 찍을 때, 그리고 결혼식 날 이렇게 딱 두 번 전문가에게 화장을 받아 봤다. 전문가의 손을 거친 내 모습을 보고 내가 놀랐다. 사실 전문가가 없던 얼굴을 만들어 낸 것도 아닌데, 그저 내가 가진 내 모습을 나조차 모르고 있었던 것이다. 그때 생각했다. 결혼식 전에 이런 걸 좀 해봤으면 평소에 예쁜 얼굴로 돌아다녔을 텐데 아쉬웠다. 그렇다고 그 이후에 뭔가 나아졌다는 이야기는 아니다. 전문가가 사용한 화장품을 모조리 사진 찍어 와서 똑같은 것을 샀지만 도구보다 중요한 것은 기술이었다. 만 원짜리 리코더도 전문가의 손에 들리면 아예 다른 소리가 나듯이 화장품도 누구 손에 들리냐가 중요한 것 같다. 그렇다고 아예 망한 것은 아니었다. 전문가를 통해 가능성을 봤다. 꾸미면 더 예뻐 보일 수 있음을 확인했다.

당신은 나보다 훨씬 나을 것이다. 요즘은 화장품 사기도 어렵지 않다. 거리마다 매장이 즐비하고, 무턱대고 들어가도 점원들이 친절히 설명도 해주고 추천도 해준다. 그들의 도움을 받자. 또 유튜브에만 들어가 봐도 화장법이나 스타일링법을 가르쳐 주는 채널이 많다. 변화하겠다는 적극성으로 둘러본다면 얼마든지 기회가 열려 있다. 그렇게 여러 가지를 시도하다 보면 주변 사람들로부터 "어딘가 달라졌는데?" "피부가 좋아진 것 같아" "얼굴이 환해졌네" 같은 말을 들을 수 있다. 어떤 남자들은 아직도 "남자가 무슨 화장이야?" 같은 소리를 하는데, 그래도 세수하고 로션, 자외선 차단제 정도는 발라 두자. 좀 더 시간이 지나서 팍삭 늙고 주름이 자글자글해진 후에 후회해도 소용없다. "해볼 걸" "했을 걸" 같은 말은 우리 인생에서 없어져야 한다. 나중에 후회하고 하는 것보다 미리미리 하는 것이 좋다 하니 나오미의 말대로 찍어 바르자. 그리고 생기 없는 얼굴이 되지 않도록 매일 햇볕도 쏘이고 좋아하는 운동도 찾아 하고 건강한 음식을 먹으려고 노력해 보자.

하나님은 내게 '나'를 맡기셨다

나오미는 룻에게 옷도 잘 챙겨 입으라고 말했다. 연애 고수의 말씀은 새겨듣자. 옷을 잘 챙겨 입으려면 남다른 노력이 필요하다. 옷 잘 입는 사람을 떠올리면 생각나는 사람이 있는가? 그는 당신보다 시간과 관심을 훨씬 더 그 분야에 쏟고 있다. 우리 중에 옷 잘 입고 싶다고 말만 하고 실천하지 않는 사람이 꼭 있다. "세상에서 쇼핑이 가장 싫어" 같은 말은 잠시 넣어 두기 바란다. 한 번뿐인 인생인데 자기에게 어울리는 옷, 입어 보고 싶었던 옷을 제대로 입어 보지 못하고 살다 가는 것은 너무 안타깝지 않은가? 그렇다고 여러 벌이 필요하다는 것은 아니다. 스티브 잡스의 시그니처 스타일이었던 검은 터틀넥과 청바지는 그만의 패션이었다. 한 가지 옷을 주구장창 입더라도 뭔가 자신만의 것을 찾기 바란다.

우선 쇼핑을 어떻게 할 것인가? 초보자에게 인터넷 쇼핑은 아무래도 위험하다. 화면 위의 색과 실제 색상에는 차이가 있을 수 있다. 사이즈도 숫자로 보는 것과 직접 입어 보는 것에는 차이가 있다. 하루 날을 잡아서 매장에 가 보자. 그리고 마음에 드는 착장을 찾기 바란다. 수많은 옷 중에 고르기 어려우면 매장 앞에 전시된 마네킹 중에 고르면 된다. 전문가들이 조합해 놓은 대로 티셔츠, 바지, 자켓을 본인 사이즈로 달라고 해서 입어 보고 괜찮다면 그대로 사는 것도 좋은 방법이다. 만날 생각만 하지 말고, 남의 사진만 보고 부러워하지 말고, 나도 꾸며 주기 바란다. 하나님은 마음을 보시지만 사람은 외모를 본다. 외모가 달라 보이면 사람이 완전히 달라 보인다. 그래서 자신을 꾸밀 줄도 알아야 한다. 아무리 마음이 비단결 같으면 무얼 하나. 그 마음을 알려면 시간을 같이 보내고, 겪어 봐야 하는데 애초에 호감이 없으면 시작도 못 한다. 그 보물 같은 마음을 알 길이 없다.

그렇다고 연예인처럼 어마어마하게 꾸미라는 말이 절대 아니다. 사력을 다해 외모만 꾸미라는 것도 아니다. 비싼 명품 가방을 사라는 말도 아니고, 값비싼 옷을 입으라는 말도 아니다. 다이어트를 혹독하게 해서 살을 쫙 빼라는 말도 아니다. 핵심은 소중한 자신을 소중하게 여기라는 말이다. '나는 예쁘고 멋진 구석이 하나도 없어' '나는 저 멋진 사람과는 애초에 달라' '옷도 뭐가 어울리는지 몰라' '아무렇게나 대충 살자' 같은 생각의 출발은 본인의 외모에 대한 관심이 없어서라기 보다 자신을 소중하게 여기지 않아서다. 당신이 이러면 하나님은 속상하시다. 그 생각을 뜯어고쳐야 한다. 하나님이 주신 내 몸을 소중하게 여기고 돌보는 것은 오롯이 당신의 몫이다. 하나님이 당신을 청지기로 이 땅에 보내실 때, 달란트만 관리하라고 보내신 것이 아니다. 하나님이 당신에게 특별하게 주신 육신, 머리부터 발끝까지도 전부 맡기셨다.

어떤 사람은 묻고 싶을 것이다. "도대체 어느 정도 꾸미라는 말입니까?" 나도 명확하게 대답하겠다. 외모를 어느 정도 꾸며야 하는지 딱 꼬집어 말한다면, 거울에 비친 자기 모습을 보고 '오늘 나 좀 괜찮은데? 나 좀 귀여운데?' 정도면 적당하다. 느낌이 오는가? 거울에 비친 자기 얼굴을 스스로 보기 싫어한다면 어느 누가 예쁘게 봐주겠는가? 자기 모습이 본인 눈에 귀여우면 딱 좋다. 내 눈에도 내가 좀 괜찮아 보여서 오늘 사진 한 장 남겨야겠다는 생각이 들면 딱이다. 내가 좋아하는 스타일의 옷을 입고 스스로 만족하면 된다. 신발을 좋아하는 사람은 좋아하는 신발 신고 발이 가벼우면 된다. 좋아하는 스타일이 없는가? 그렇다면 먼저 나에게 어울리는 머리 스타일, 내가 좋아하는 옷, 내가 좋아하는 신발을 찾기 바란다. 남들이 좋아하는 것, 많이 팔린 것, 최대한 무난한 스타일 말고 내가 좋아하는 스타일, 나에게 어울리는 것을 찾으라는 말이다.

나는 평생 통통이였다. 그런 내 인생에 날씬이였던 적이 딱 한 번 있었는데 결혼할 때였다. 신랑과 나는 결혼식을 앞두고 돈을 걸고 살 빼는 내기를 했다. 두 달 정도 기한을 두고 내기를 했는데 둘 다 목표를 이뤄서 아무도 돈을 내지 않았다. 내기에서 돈 딴 사람은 없었지만 둘 다 기분이 좋았다. 각자 만족할 만한 몸을 얻었기 때문이다. 우리 부부에게 간헐적 단식, 일일 일식 같은 방법은 불가능에 가깝다. 그래서 신랑은 자전거 타기, 나는 빠르게 걷기로 운동을 했고 식단 조절을 병행했다. 나는 커피에 이것저것 다 넣는 것을 좋아한다. 그런데 그 좋아하는 걸 한참을 안 먹다가 웨딩사진 찍은 날, 카페 모카를 시켰다. 오랜만에 크림과 초코 시럽이 올라간 카페 모카를 마시는 만족감은 진짜 남달랐다. 간만에 먹는 달콤함이 감격적이었달까. 시장이 반찬이라지만, 절제하다 먹는 맛 또한 기가 막혔다. 가끔 남편과 나는 우리 둘이 연애했던 시절의 사진을 꺼내본다. 젊고 열심히 운동했던 우리의 리즈시절을 바라보며 서로 예뻤네, 멋졌네 감탄한다. 정말 소중한 추억이다.

시간은 속절없이 지나가고, 젊음도 지나간다. 현재 당신의 아름다운 시간, 지나가면 다시 오지 않을 젊음의 시기를 버려두지 말고, 만끽하며 지나길 바란다. 당신에게 맞는 멋짐, 만족을 꼭 찾기 바란다. 뒤돌아보면 알게 된다. 젊음은 그 자체만으로도 눈부시다. 그리고 광내고 닦으면 더욱더 눈부시다!

Q.

당신은 스스로를 소중히 여기는가? 내면 깊은 곳에 스스로를
소중히 여기지 않는 마음이 있지는 않은가?

Q.

거울을 보면서 '나 참 괜찮다'고 여길 때는 언제인가? 거울을
보기 싫다면 어떤 점을 개선하면 되겠는가?

Q.

내가 좋아하는 스타일이 무엇인가?
입고 싶은 옷이 있는가? 왜 시도하지 못하는가?

17 | 사랑한다는 것은 책임진다는 것

룻은 나오미가 말한 대로 최선을 다해 가꾸었다. 잘 씻었고, 할 수 있는 만큼 가장 예쁘게 꾸몄다. 만반의 준비가 끝났다. 이제 보아스만 만나면 된다. 사람들의 생각이 2퍼센트 모자르다 할 때는 바로 이때를 두고 하는 말이다. 고백은 외모만 준비했다고 되는 것이 아니다. 날만 잘 골라서 되는 것이 아니다. 상대를 기분 좋게 할 만한 이벤트를 준비했다고 다 끝난 것이 아니다. 두 사람의 눈이 마주쳤을 때, 뭐라고 말을 해야 할 것 아닌가? 할 말을 미리 준비해야 한다. "나랑 사귈래?" "오늘부터 1일 할까?" "우리 남친, 여친하자" "나 좋아하는 사람이 있어. 바로 너야" "우리 결혼을 전제로 만나 보자" 같은 건 너무 식상하다. 룻이 어떤 말로 보아스에게 고백했는지 보자.

이르되 네가 누구냐 하니 대답하되 나는 당신의 여종 룻이오니
당신의 옷자락을 펴 당신의 여종을 덮으소서 이는 당신이 기업을
무를 자가 됨이니이다 하니 | 룻 3:9 |

그녀는 보아스의 파티가 끝나길 기다렸다. 이제 밤은 깊
었고, 사람들은 각자 집으로 돌아갔다. 보아스는 지금 풀벌레
가 울어 대는 밭 한 가운데 폭신한 볏단 위에 누워 있다. 룻은
그에게 조용히 다가갔다. 보아스는 파티를 끝내고 즐거움과
피곤함이 겹치면서 곡식 단 위에서 살짝 잠이 들었는지도 모
르겠다. 룻은 조용히 다가가서 보아스 옆에 살짝 앉았다. 보아
스는 갑자기 느껴지는 인기척에 깜짝 놀랐다. 황급히 눈을 비
비고 살펴보는데 아무래도 여자다. 오던 잠도 다 달아났다. 이
어두침침한 밤에 누가 이렇게 슬며시 다가왔단 말인가?

자다 깬 보아스는 "거기 누구냐"고 물었다. 그녀는 룻이었
다. 룻이 보아스에게 말한다.

"저의 기업 무를 자가 되어 주세요."

이게 도대체 무슨 말인가? 정신이 번쩍 드는 말이다. '기업

무를 자'라니 한국말로 들으면 돈을 내놓던지, 법적으로 조취를 취하라는 말처럼 들린다. 하지만 영어로만 바꿔 봐도 진짜 어감을 느낄 수 있다. 기업 무를 자는 영어로 'redeemer'다. 다시 말하자면 룻은 보아스에게 "Will you be my redeemer?"라고 물었다.

우리가 예수님을 찬양할 때, "당신은 나의 redeemer"라고 고백한다. 그는 나의 구원자, 내가 내 힘으로 절대 해결할 수 없는 죄의 문제를 해결해 주신 분, 나의 삶을 죄 가운데서 건져 주신 분, 나를 위해 십자가에서 대신 죽으신 분, 내가 영원히 하나님과 함께 살 수 있도록 길을 내어주신 분이다. 우리가 예수님께 하는 고백을 룻은 보아스에게 했다.

그녀는 보아스를 배우자, 평생의 동반자, 절친, 내 편보다 더 절대적인 상대로 여겼다. 룻이 바라는 보아스는 자신의 삶을 구원해 줄 사람, 이 모든 어려움에서 꺼내줄 수 있는 사람이었다. 그래서 "Will you marry me?"도 아닌 "Will you be my redeemer?"라고 물은 것이다.

어쩌면 한 여인의 결혼 이야기가 66권의 성경 중 한 책으로 우리에게 소중하게 전해진 것은 바로 이 고백 때문이다. 룻은 보아스에게 자신을 구원해 줄 사람이 되어 달라고 말했다. 죽은 남편인 말론의 땅을 되찾아 주고, 말론의 후손을 낳게 해줄 사람, 끊어진 대를 이어 주고, 소망이 사라진 이 집안을 구원해 줄 사람을 원했다. 그런데 이 일이 쌍방으로 구원이면 더 좋으련만 룻에게는 온전한 구원이었으나 보아스 입장에서는 좋을 것이 없는 일이었다. 죄가 하나도 없으신 예수님이 자신을 온전히 희생하셔서 우리를 구원하셨듯이 보아스의 온전한 희생으로만 가능한 일이었다.

우리를 구원해 주신 예수님을 보자. 우리의 죄 때문에 하나님과의 관계는 다 끊어졌고, 죄의 값인 죽음을 눈앞에 두고 사는 소망 없는 처지였다. 우리 힘으로는 이 상황에서 빠져나올 수도 헤쳐나올 수도 없다. 이런 우리를 가만히 지켜보실 수 없었던 하나님은 그의 유일한 아들을 이 땅에 보내셨다. 그리고 그 죄 없는 아들에게 우리의 죄를 얹으시고는 십자가에서 죽게 하셨다. 죄 없는 자가 우리를 대신해서 죄의 벌을 받아 주신 덕분에 우리의 죄는 깨끗해졌고, 이 놀라운 비밀을 믿는 자에게는 영원한 삶을 약속해 주셨다. 예수님은 이렇게 우리의 redeemer가 되어 주셨다.

사랑에는 반드시 희생과 책임이 따른다

당신이 사랑하는 사람에게 예수님께나 해야 마땅할 "Will

you be my redeemer?"라고 질문한다면, 그 말을 들은 상대는 부담스러워서 걸음아 나 살려라 도망갈지도 모르겠다. 한 사람의 인생을 예수님처럼 책임지고 구원해야 한다니 얼마나 부담스러운 일인가? 내 인생 하나도 버거운데 남의 인생까지 어떻게 감당한단 말인가?

그런데 이 부담스러운 룻의 고백에 보아스는 "내가 네 말대로 네게 다 행하리라"라고 대답한다. 이 남자 보통 각오가 아니다. 보아스는 이미 사랑에 빠졌다. 솔직히 룻이 기업을 무를 자가 되어 달라고 부탁하기도 전에 보아스는 룻과 결혼하면 어떨지 상상해 본 적이 있었다. 이 각도 저 각도로 생각하다 보니 한 가지 걸리는 것이 있었다. 기업을 무르는 것은 가장 가까운 순서부터 가능하다. 먼저 형제가 할 수 있고, 형제가 없으면 가장 가까운 친척부터 기회가 주어진다. 그런데 룻에게는 보아스보다도 앞선 친척이 하나 있었다. 나오미도 생각하지 못한 부분을 보아스는 미리 생각하고 있었다. 그래서 룻에게 말한다.

참으로 나는 기업을 무를 자이나 기업 무를 자로서 나보다 더 가까운 사람이 있으니 이 밤에 여기서 머무르라 아침에 그가 기업 무를 자의 책임을 네게 이행하려 하면 좋으니 그가 그 기업 무를 자의 책임을 행할 것이니라 만일 그가 기업 무를 자의 책임을 네

게 이행하기를 기뻐하지 아니하면 여호와께서 살아 계심을 두고 맹세하노니 내가 기업 무를 자의 책임을 네게 이행하리라 아침까지 누워 있을지니라 하는지라 | 룻 3:12-13 |

보아스는 그녀의 인생에 대해 생각했다. 그녀는 현숙하고, 모든 사람이 칭찬하는 데다가, 익숙했던 고향을 떠나 하나님의 백성이 머무는 곳으로 용감하게 온 여인이다. 수개월을 곁에서 지켜보면서 그녀를 사랑하게 됐다. 그래서 일할 수 있는 기회를 주고, 할 수 있는 대로 먹을 것과 마실 것을 챙겨 주었다. 그녀 가까이서 살피면서 그녀를 괴롭히는 사람이 없도록 보살폈다. 또한 룻 모르게 하인을 시켜 곡식을 땅에 떨궈 가며 어머니를 봉양할 수 있도록 배려했다. 하지만 그녀에게 제일 좋은 선물은 보아스가 그녀의 기업을 무를 자가 되어 주는 것이다. 보아스의 마음으로는 당장이라도 룻의 기업을 무를 자가 되어 주고 싶지만 법을 잘 아는 그는 순서를 기다렸다. 자신보다 룻에게 더 가까운 친척이 있으니 그 사람의 결정을 따르기로 한 것이다.

스스로 돕는 자를 하늘이 돕는다고 하지만, 사랑에서는 통하지 않는다. 아무리 노력해도 하늘이 허락하지 않으면 안 되는 게 사랑이다. 두 사람은 사랑했는데 부모님의 반대로 헤어지기도 하고, 10년을 사귄 사람과는 헤어지고 그다음에 만난 사람과는 너무 쉽게 몇 개월 만에 결혼하기도 한다. 알콩달콩 서로가 전부인 것처럼 사랑했는데, 어느 날 사랑하는 사람이 생겼다며 불쑥 떠나는 황당한 경우도 있다. 그래서 남녀가 썸을 타고, 동시에 사랑에 빠지고, 온 가족의 축복을 받으며 결혼까지 골인하는 것은 거의 기적이라고 본다. 하나님의 허락이 아니고서는 그 와중에 잘되지 않을 이유가 천만 가지이기 때문이다. 보아스의 마음은 이미 'Yes'였으나 결혼까지 이르기에는 하나님의 허락이 있어야 함을 알았다. 그래서 너무 정석 같지만 믿음직한 답을 건넨다.

"만일 그가 기업 무를 자를 하지 않겠다고 하면, 내가 기업 무를 자의 책임을 다할 것을 살아 계신 하나님 앞에 맹세하오."

사랑에는 책임이 따른다. 사랑을 핑크빛 사탕처럼 달콤한 것으로만 생각해서, 달콤하게 뽀뽀하고, 서로 예쁜 말만 하고, 손잡고 데이트하는 것으로만 생각한다면 사랑의 껍데기만 아는 것이다. 핑크색 사랑 껍데기 안에는 매일 쉬지 않고 정확하게 뛰는 심장 같은 것이 존재한다. 살아 있는 동안 잠시도 쉬지 않고 생명을 책임지는 심장처럼 사랑에는 굳건한 책임이 뒤따른다.

사랑의 책임은 다음과 같다. 오늘 당장 회사를 때려치우고 싶지만, 가족을 위해 하루 더 참아 보는 것이다. 출퇴근 거리를 줄이고 싶은 마음이 굴뚝 같지만 아이들이 학교를 옮기는 것을 반대하니 당분간 그곳에서 살아가는 것도 사랑의 책임이다. 천근만근인 몸을 일으켜 꼭두새벽에 우는 아이를 달래며 우유를 주는 것도 사랑의 책임에 속한다. 나 하나면 대충 챙겨도 될 밥을 가족을 위해서는 애를 쓰고 머리를 써가며 좋은 것을 먹이려고 노력하는 것도 사랑의 책임이다. 얼굴이 늙어서 예전의 생기 있는 모습이 가물가물해져도 그 얼굴을 마주하며 기뻐하고, 나이가 들어 흰머리가 생기면 서로 염색해주며 변해 가는 모습 그대로 예뻐하는 것이 사랑의 책임이다. 가족 중에 누가 아프면 서로 돌봐주며 간호해 주는 것도 사랑의 책임이다.

그런데 이 사랑의 책임은 저절로 되는 것이 아니다. 끝까지 이행하기로 다짐하고 작정해야 겨우 할 수 있을 정도다. 왜냐하면 책임지는 일은 말할 수 없이 귀찮을 때도 있고, 몸이 두들겨 맞은 것처럼 힘들기도 하고, 나의 살과 피를 고스란히 내어주는 일이기 때문이다. 그래도 사랑의 책임을 기꺼이 지는 이유는 동시에 엄청난 열매가 있기 때문이다. 한 알의 씨앗이 죽으면 수많은 열매가 맺히듯 나를 죽이고 사랑의 책임을 이행하며 살다 보면 내 주변에 수많은 열매가 맺혀 있다. 자녀가 아름답게 자라났고, 가족의 사랑이 돈독해졌고, 수만 가지 추억이 대롱 대롱 맺혀 있고, 인생이 눈부시게 풍요롭다. 이게 결혼이고 사랑이다.

당신에게 결혼이란 무엇인가? 우리는 배우자와 하나 될 결심을 할 때, 그 사람과 살면 좋겠고, 재밌겠고, 저 사람과 살면 내 삶이 좀 필 것 같아서 하는가? 두 집에서 월세 내는 것보다 집을 하나로 합치는 것이 더 나을 것 같아 하는가? 이 정도 수준으로 생각하고 결혼을 결정했다가는 나중에 "속았다. 이럴 줄 몰랐다"고 말하게 될 것이다. 이건 내가 생각한 사랑이 아니라며 이혼도 결심할지 모른다. 죽음 외에는 절대 두 사람을 갈라놓지 못한다는 약속도, 호호 할머니 할아버지 되도록 살겠다는 약속도 온데간데없다. 주례자의 책임 있는 사랑을 묻는 질문에 큰 소리로 "네!"라고 대답했지만 그건 하객들 앞에서 인사치레 정도지 지키는 사람이 없다. 그 모든 것은 살아 보고 결정할 일이라는 것이 사랑을 모르는 사람들의 일반적인 생각이다. 사랑의 심장인 '책임'이라는 부분에 대해서는 생각해 본 적도 없다. 그래서 이혼이 이렇게 많아지는 것 같다. 핑크빛 사랑 껍데기 가지고는 누굴 만나도 두 사람이 평생 하나되기란 불가능하다. 그런데 룻은 알았다. 한번 결혼을 해봐서 아는지 몰라도 그녀의 고백은 남달랐다. 책임 있는 사랑이 그녀에게 절실했다.

어릴 때부터 나의 주관은 '결혼할 사람과 사귄다'였다. 결혼도 안 할 사람과 굳이 시간을 많이 보낼 필요가 없었다. 그런 사람과는 그냥 친구로 지내면 된다. 책임 없는 사랑만 하는 사람과는 엮이고 싶지도 않았다. 인생은 짧고 하고 싶은 일은 많은데 그런 사람에게 나의 감정과 시간을 많이 들였다가 헤어지면 또 회복하는 데 얼마나 많은 에너지가 필요한가? 그런데 문제는, 상대방은 어떤 생각으로 나를 만나는지 초반에 알기 어렵다는 것이다. 남편이 나와 썸을 타던 무렵, 친한 형이 그에게 말했단다.

> "너 산나와 결혼할 거 아니면 사귀지 마. 네가 만약에 산나랑 사귀었다가 헤어지면 나는 너 안 본다."

나는 이 형님을 아주 높이 산다. 진짜 멋진 분이다. 어쩜 그렇게 깊은 생각을 할 수 있는가? 당시 썸남이던 지금의 내 남편은 사실 그때 그 형님에게 조금 섭섭했다고 한다. 아무리 그래도 자기랑 더 친한 형님이 여자 편만 드는 것처럼 말하니 괜히 기분이 나빴단다. 그러나 그 형님 덕분에 남편은 결혼에 대해 한 번이라도 더 생각해 보고 고백했을 것이다.

당신의 고백은 책임이 가득 담겨 있길 바란다. 하나님이 우리에게 주신 결혼은 절대 가벼운 것이 아니며, 그 결혼을 준비하는 과정인 연애도 마찬가지로 신중해야 한다.

Q.

당신에게 사랑은 무엇인가?

책임 있는 사랑이 왜 필요할까?

Q.

지금 사랑하는 사람과 결혼을 꿈꾸어 보는가?

어떤 그림이 그려지는가?

Q.

사랑하는 사람에게 어떤 말로 고백하고 싶은가?

18 | 연인 사이에는 안 되는 것

롯의 고백에 보아스는 "Yes"로 대답했다. 하지만 아직 해결해야 할 문제가 하나 있다. 보아스보다 앞선 친척이 롯과 결혼하지 않겠다고 말해야 보아스의 차례가 온다. 이것은 두 사람이 결정할 수 있는 문제가 아니다. 그런데 보아스는 롯에게 "아침까지 누워 있을지니라"(룻 3:13)고 말한다. 지금 이상한 생각을 하고 있다면 당장 접어 두기 바란다. 보아스는 그런 사람이 아니다.

라면으로 시작하는 연애는 그만

보아스가 룻에게 "아침까지 누워 있을지니라"고 말한 것은 "이 밤에 여기서 머무르라"는 말이다. 이걸 "라면 먹고 갈래요?"로 해석하면 안 된다. 연애의 시작과 끝이 '라면'일 수는 없다. 보아스는 책임지는 사랑을 하는 사람이었다. 자신보다 가까운 친척에게 아직 물어보지 않았으니 둘의 결혼이 결정된 것이 아니다. 그러니 스킨십을 시작할 수 없다. 그렇다면 보아스는 룻에게 이 밤에 도대체 왜 자기 곁에 머물라고 한 것일까?

책임지는 사랑을 하는 보아스의 입장에서 생각해 보면 룻을 지금 당장 돌려보낼 수 없다. 아직은 사람들이 지나다니는 시간이다. 그러니 가장 어두운 시간, 사람들이 아예 돌아다니지 않는 시간까지 기다렸다가 룻을 돌려보낼 계획이다. 룻은 현숙한 여인이자, 시어머니를 공경하는 여인으로 베들레헴에 평판이 자자하다. 그런데 괜히 사람들의 눈에 띄었다가는 룻이 보아스를 야밤에 찾아왔다느니, 보아스에게 고백했다가 차였다느니 하는 쓸데없는 소문이 날 수도 있다. 또한 가장 가까운 친척이 룻의 기업무를 자가 되어 줄 수도 있는데, 보아스는 이 일로 룻을 곤란하게 하고 싶지 않았다.

누군가 당신에게 사랑을 고백했다. 하지만 시기가 맞지 않았든지 마음이 맞지 않아 그 소중한 마음을 정중히 거절했다. 여기까지는 얼마든지 있을 수 있는 일이다. 그런데 그다음이 중요하다. 이 사실을 조용히 묻어 두는가, 아니면 자랑처럼 다른 사람에게 말한 적이 있는가? 만약 후자라면 손을 잠시 입에 올리고 살짝 치기 바란다. 입이 방정이다. 당신은 배려가 부족했다. 그 사람을 존중한다면 누군가가 어렵게 고백한 일은 당신의 기억에만 간직했어야 했다. 마음을 받아 주지 못한 것도 미안한데, 어렵게 용기 내어 고백한 그 사람을 보호해 주지 않고 동네방네 자랑하듯 말한 것은 잘못이다. 보아스는 아주 믿음직한 사람이다. 룻이 자신에게 고백한 것을 비밀로 할 생각이다. 그래서 사람들이 다니지 않는 꼭두새벽까지 기다렸다가 룻을 돌려보낼 계획이었다. 이 김에 겸사겸사 둘만의 데이트를 할 수 있는 시간도 주어졌다. 지금까지 이 둘은 일로 만난 사이라 제대로 한번 이야기도 못 나눠 봤는데 마침 아주 잘됐다. 조용히 데이트 할 수 있는 소중한 기회가 생겼다.

사랑에 빠지면 더욱 가까워지고 싶다. 나란히 걷다가 손이 스치더니 잡게 되고, 손 잡으면 팔짱도 끼고 싶고, 팔짱 끼면 안고 싶고, 뽀뽀도 하고 싶고, 서로 더욱더 알고 싶어진다. 자석처럼 서로가 끌리는데 괜히 무릎을 찔러 가며 참지 말고 얼른 결혼하길 권한다. 썸을 통해 서로를 충분히 알았고, 연애를 시작했고 결혼을 꿈꾸고 있다면 미룰 필요가 없다.

그런데 결혼보다 잠자리를 먼저 하겠다는 사람이 있다. 연인이 "우리는 확실히 결혼할 사이인데 잠자리를 먼저 해도 되지 않을까요?" 묻는다면, 대답은 무조건 "안 됩니다"이다. 본인들은 확실히 결혼할 사이라고 말하겠지만 솔직히 결혼 식장에 들어갈 때까지 그 누구도 장담할 수 없다. 어느 정도 알 것 같다가도 끝까지 모르는 게 사람 마음이다. 상대의 마음을 헤아리기도 어렵지만 자신의 마음도 잘 모르는 사람이 태반 이다. 그래서 '결혼할' 사이 말고 '결혼한' 사이가 되고 나서 하 나님이 부부에게 주신 선물을 누리라고 말한다. 혹여나 지금 교제 중인 사람과 잠자리를 이미 가졌다면 오늘부터는 딱 끊 기를 바란다. 그리고 결혼식까지 기다리자. 이미 저질렀다고 돌이킬 수 없는 것이 아니라 말씀을 알게 되고 깨달았다면 그 날부터 적용하는 것이 우리가 해야 할 반응이다.

속궁합이라는 말에 속지 말자

잠자리는 꼭 결혼 후에 하라고 딱 잘라 말하는 이유가 있 다. 잠자리는 하나님이 부부에게 주신 선물이기 때문이다. 그래서 하나님이 계획하신 온전한 기쁨은 결혼한 상태에서만 느낄 수 있다.

그런데 우리를 망가뜨리려는 사탄은 그 기쁨을 누리지 못하게 하려고 거짓말을 남발한다. 그 기쁨은 상상 이상인데 결혼할 때까지 기다릴 필요가 뭐가 있냐고, 지금부터 그 기쁨을 맛보라고 유혹한다. 심지어는 놀이 삼아 모르는 사람과 하룻밤 자고 헤어지는 것도 짜릿하다고 속인다. 게다가 속궁합이라는 말을 써서 나와 잘 맞는 사람, 맞지 않는 사람이 있다는 말도 안 되는 소리를 한다. 또 대표적인 거짓말이 잠자리의 경험이 많을수록 더 잘할 수 있고 즐거울 수 있다는 말이다. 어처구니가 없다.

과연 그럴까? 많은 사람을 만날수록 더 잠자리에 능숙해지고, 색다른 재미를 느낄 수 있을까? 도둑이 복면을 쓰고 가슴 졸이며 창문을 깨고 금은방에 들어갔다. 침입을 알리는 알람 소리가 세차게 울리기 시작했다. 곧 경찰이 도착할 것이다. 그때부터 도둑의 가슴은 터져 나올 것 같다. 손도 벌벌 떨린다. 얼른 보석을 한 움큼씩 쥐고 가방에 쑤셔 넣었다. 그러고는 뛰쳐나와 세워 놓았던 차에 올라탔다. 차를 한참 달리고 달려 숙소에 도착했다. 가방을 열어 보니 반짝이는 것이 가득하다. 얼마나 짜릿하겠는가? 하지만 이 짜릿함이 사람을 망친다. 열심히 수고하고 노동하여 얻는 대가가 하찮다. 그 많은 시간과 노력을 들이고 싶지 않다. 한탕이면 몇 달, 몇 년을 일하지 않고도 떵떵거리며 누리고 사는데, 매일 아침에 눈 떠서 힘들게 하루 종일 일하고 싶겠는가? 첫 도둑질의 성공이 인생을 망친다. 마약도 마찬가지다. 몸은 망가져 가고 삶은 피폐해지고 주위 사람들과 단절되어 좀비처럼 변해 가는데 죄의 짜릿함에서 헤어나지 못해 결국 죽는 것 아닌가? 마귀의 하찮은 속임에 코가 꿰였다. 결혼 이외의 성관계로 얻는 기쁨은 도둑질, 마약과 다를 바 없다. 당신의 인생과 영혼을 망치는 짜릿함을 하나님이 부부에게 주신 선물에 비교한다면 크나큰 오산이다.

왜 옷은 소중히 하면서 몸은 소중히 안 하는가

당신의 몸은 하나님이 거하시는 곳이다. 그리고 세계 최고, 우주 최강의 디자이너가 기획하고 직접 만든 작품이다. 그래서 거룩하고 소중하고 아름답다. 그런데 사람들은 자신의 몸이 얼마나 대단한지 모르고 소중히 여기지 않을 때가 많다. 심지어 자신의 몸을 장신구, 옷, 모자보다도 못하게 여긴다. 학창시절에 새 옷을 사서 집에 들어가면 동생이 한 번만 입어 보자고 했다. 입고 밖에 나가는 것도 아니고 지금 한번 걸쳐 보겠다는 건데 나는 질색팔색하며 절대 안 된다고 했다. 동생이 입으면 옷이 늘어난다고, 옷의 모양이 달라진다고 못 입게 했다. 지금 생각해 보면 너무 지나쳤다. 모자에 대한 기억도 있다. 대학 시절 기숙사에서 지낼 때였다. 아침에 수업을 가려는데 친구가 머리를 못 감았다며 모자를 빌려달라고 했다. 이건 정말 서로에게 못할 일 아닌가? 모자는 세탁도 어려운데 도대체 왜 빌려달라고 하는지 이해할 수 없었다. 그래서 미안하지만 내것이 너무 지저분해서 못 빌려주겠다고 하고 넘어갔다. 이런 예는 계속 말할 수 있다. 커플링을 맞춰서 끼고 다니면 남의 반지를 굳이 껴 보겠다고 하는 사람들이 있다. 그런데 나는 다른 사람이 내 액세서리를 껴 보는 것도 싫었다. 마지못해 내주긴 했지만 속으로는 보기만 하지 왜 껴 본다고 하는 것일까 이해를 못 했다. 반지는 금속이라 옷처럼 모양이 바뀌는 것도 아니고, 모자처럼 체취가 남는 것도 아닌데 커플링은 커플링이라 내주기 싫고, 결혼반지는 결혼반지라고 다른 사람 손에 들어가는 게 싫었다.

나만 별나게 구는 걸까? 아닐 거다. 다들 자신에게 소중한 것은 깨끗하게 나만의 것으로 간직하고 싶지 않은가? 그런데 세상은 그 무엇보다 자신에게 가장 소중한 몸을 여기저기 써 보라고, 아무에게나 빌려주라고, 많이 빌려줄수록 좋은 것이라 말한다. 이게 사탄의 전략이다. 하나님의 작품인 자신의 몸을 옷과 모자, 반지보다도 못하게 함부로 취급하게 하는 것이 사탄의 목표다. 절대 속지 말자.

사람은 신묘막측한 존재이다. 물질적인 육체와 사고와 기억, 그리고 감정과 영혼이 공존하며 하나님의 형상을 따라 하나님 닮게 만들어졌다. 그래서 하나님이 우리에게 선물로 주신 잠자리의 기쁨은 이 모든 것을 만족시킨다. 잠자리를 가지는 순간, 불안이 아니라 설렘이 가득하고, 몸과 영혼과 감정이 모두 기쁘고, 그 이후에도 사랑의 여운이 기억과 가슴에 남는다. 그런데 사탄이 주는 기쁨은 도둑질처럼 긴장과 흥분으로 순간 짜릿할 수 있지만 불안함, 후회와 허망함, 부끄러움, 죄책감, 공허만이 켜켜이 남는다. 게다가 몸에 병을 남기기도 한다. 데이트 폭력이 분명한데도 잠자리를 가진 것 때문에 발목 잡혀서 빠져나오지 못하는 사람들을 볼 때마다 정말 안타깝다. 사탄이 주는 달콤함은 뼈와 영혼을 썩게 하고 삶까지 피폐하게 한다. 하나님이 주신 기쁨을 감히 어디에 비교할 수 있으랴.

사람들이 많이 속는 사탄의 거짓말이 또 있다. 경험이 많아야 부부 관계를 잘한다는 착각이다. 생각해 보면 상대에게 능숙한 사람이라는 느낌을 주는 것이 더 수상한 일인데 사탄은 능숙한 사람이 되어야 한다고 속인다. 아담과 하와를 생각해 보자. 처음 만난 그 둘은 보자마자 사랑에 빠졌다. 하나님이 허락하신 결혼을 했고 잠자리를 갖는데 거기에는 어느 누구의 조언도, 참고할 만한 자료도, 듣고 본 것도 없었다. 본능에 충실하게 임했을 뿐이다. 실제로 사람의 몸은 다 다르고 같은 상황도 모두 다르게 느낀다. 그러니 누구의 말을 듣고 따르겠는가? 오직 부부가 미지의 세계를 탐험하듯 서로 이야기를 나누며 매번 새로운 경험을 하는 것이 하나님의 계획이다. 이렇게까지 본능에 충실해 본 적이 있을까? 하나님은 이런 놀라운 선물을 결혼 선물로 준비하셨다. 깨끗하게 하나님이 주신 기쁨을 맛보길 바란다. 부부가 3-40대 즈음에 결혼하면 대략 50년은 함께 살게 된다. 적지 않은 기간이다. 그 오랜 기간 동안 오직 부부의 본능에만 의존하여 하나님이 주신 기쁨을 매번 새롭게 창의적으로 알아 가는 것은 정말 멋진 일 아닌가?

내 연애에 예수님을 모시자

어제까지 하나님의 뜻을 모르고 사탄에게 속아 왔다면 오늘부터는 다르게 살길 바란다. 지금까지 내 몸을 막 쓰고 망쳤는데 앞으로 다르게 산다고 뭐가 달라질까 싶은가? 그런데 아주 다르다. 어제와 오늘이 다르면 다른 것이다. 죄를 깨달았을 때마다 회개하고 주님께 돌아서면 또 품에 안아 주시며 새로운 피조물로 만들어 주시는 분이 우리 하나님 아버지이심을 기억해야 한다. 주님은 당신이 하나님의 뜻을 깨닫고 돌아설 때 가장 기뻐하신다. 그리고 특별히 당신의 결혼에 지대한 관심이 있으시다. 사랑하는 두 사람이 온전히 하나 되는 일을 하나님은 바라고 또 바라시기 때문이다.

예수님이 이 땅에 오셔서 첫 번째 베풀어 주신 기적이 무엇인지 아는가? 예수님은 죽은 사람도 살리시고, 문둥병자도 고치시고, 다리를 쓰지 못해서 평생을 앉아만 지내던 사람도 일으키시고, 눈먼 사람도 보게 하시고, 귀신 들린 사람도 온전하게 하셨다. 하나같이 놀라운 기적이었다. 그런데 그 수많은 기적 중에 가장 먼저 베푸신 기적은 물을 포도주로 바꾸신 일이다. 이건 뭔가 다른 기적들과는 재질이 다르게 느껴진다. 물을 포도주로 바꾸는 일은 해도 되고 안 해도 되는 일 아닌가? 이건 평생 몸이 아픈 것도 아니고, 말을 못 하는 것도 아니고, 귀신에게 시달리는 중한 일도 아니다. 물론 결혼 당사자들에게는 중요한 일이긴 하지만 죽고 살만큼 심각한 일은 아니었다. 결혼식이 중요하긴 해도 예수님의 대망의 첫 기적을 여기에서 보이실 일은 아니었다. 솔직히 그 부부는 준비가 부족했다. 결혼식에 참석한 손님들이 생각보다 많이 먹었다 해도, 예상보다 많은 손님이 왔다고 해도 음식을 모자라게 준비한 것은 큰 실수였다.

그런데 그 부부가 딱 하나 잘한 것이 있었다. 예수님을 자신들의 결혼식에 초대한 것이다. 예수님이 그 결혼식에 손님으로 계셨다. 게다가 눈치 빠른 예수님의 어머니 마리아도 그 자리에 있었다. 예수님은 마리아의 부탁을 들으시고는 맹물을 진짜 좋은 포도주로 변화시키는 첫 기적을 베푸셨다. 이 부부가 예수님을 그 자리에 초대한 것이야말로 신의 한 수였다.

예수님은 물을 포도주로 바꿔서라도 당신의 결혼을 응원하신다. 첫 기적을 여기에 쓰실 만큼 당신의 하나 됨을 축복하신다. 그러니 가나에서 열린 결혼식의 신랑 신부가 예수님을 초대한 것은 기가 막히게 잘한 일이다.

당신도 당신의 연애에 예수님을 꼭 초대하기 바란다. 혼자만 기도할 것이 아니라 사랑하는 사람과 함께 손 모아 기도하기 바란다. 예수님이 이 연애를 주관하시고 함께해 주시기를 진심으로 기도하자. 그리고 하나님이 주신 최고의 결혼 선물을 온전히 누리기 위해 연애의 시간 동안은 서로의 몸을 존귀히 여기며 선을 지키는 사랑을 하기 바란다.

Q.

당신의 연애에 예수님을 초대했는가? 둘이 조용한 곳에 앉아서 예수님을 초대하는 기도를 하기 바란다. 두 명 모두가 그 연애의 대표자들이다. 한 명이 기도를 마치면 다음 사람도 소리 내어 기도하자.

Q.

결혼 전에 스킨십은 어디까지 가능한가? 하나님이 주신 선물이 너무 궁금해서 당장 알고 싶어서 못 참겠다면 결혼식을 앞당길 방법을 생각해 보자.

19 | 데이트도 건강하게 하자

보아스와 룻은 직장 데이트를 주로 했다. 룻이 보아스의 밭에 매일 출근하면서 매일 얼굴 보는 사이가 됐다. 둘만의 시간을 가지면 더 좋았겠지만 그럴 기회가 없었다. 그냥 둘이 한 공간에 있는 것만으로도 감사한 일이었다. 그런데 어느 날부터 보아스가 룻을 자기 식탁에 초대했다. 매일 점심시간마다 같이 밥을 먹을 수 있게 됐다. 아무래도 이날부터 출근하는 룻의 발걸음은 더욱 가벼웠을 것이다. 아침이면 눈이 번쩍 뜨이고 일하러 가는 발걸음은 민들레 홀씨 같았을 것이다. 팔랑팔랑 가벼운 발걸음으로 일터에 도착해서 열심히 일하다 보면 보아스와 함께하는 밥 데이트가 기다리고 있다. 얼마나 신나는 직장인가! 나는 데이트 중에 밥 데이트가 최고의 데이트라고 생각한다.

판에 박힌 데이트에 질렸다면 이렇게 해보자

[밥 데이트]

결혼하면 달라지는 것이 많지만, 그중 하나가 배우자와 함께 밥을 먹어야 한다는 것이다. 아침은 바빠서 대충 먹고, 점심은 직장이나 학교에 가서 따로 먹는다 해도, 저녁 한 번은 같이 먹는다. 그러다 주말이 되어 보라. 아침 먹고 치우고, 점심 먹고 치우고, 저녁 먹고 치우면 하루가 다 간다.

아이들을 키우는 것도 다른 게 아니다. 아침 먹이고 치우고, 점심 먹이고 치우고, 간식 챙겨 주고, 저녁 먹이고 치우는 날들이 지나가다 보면 어느새 아이들이 큰다. 그런데 그 식탁에서 많은 일이 일어난다. 서로 얼굴을 맞대고 하루에 있었던 일을 나누고 궁금한 것들을 질문한다. 식탁에서 부모님의 중요한 가치가 아이들에게 전수되고, 아이들은 식탁 예절과 함께 사람들과 이야기 나누는 태도를 배운다. 또한 식탁에서 일어나는 부모님의 대화를 통해 아이들은 어른들의 세계를 미리 생각하게 된다.

교회에서도 식탁 교제가 중요하다. 다락방 모임(셀 모임)이 잘 되지 않을 땐 다락방 식구들을 집에 초대해서 밥을 먹자. 집에 초대하는 것이 부담스럽다면 식당을 예약하자. 음식을 시켜서 먹어도 좋고, 한 가지씩 음식을 준비해 와서 나눠 먹어도 좋다. 다락방 모임 분위기가 확실히 달라질 것이다.

밥이 이렇게 중요하다. 그러니 사랑하는 사람과 밥 데이트는 기본 중의 기본이다. 썸을 탈 때도 밥을 많이 먹기 바란다. 나는 누군가 만나 밥을 먹을 때 상대에게 좋은 느낌이 들면 다음 만남을 꼭 만들었다. "오늘 잘 먹었습니다. 다음엔 꼭 제가 대접하고 싶어요"라든가, "제가 아는 맛있는 식당이 있는데 같이 가 보실래요?" 같은 말을 건네는 것이다. 얼렁뚱땅 인사치레 약속 말고 그 자리에서 날짜까지 잡았다. 이렇게 밥이 밥을 낳고, 밥이 또 다른 밥을 낳다 보면 이 사람이 내 사람이구나 생각이 들 것이다. 밥 데이트를 여러 번 하다 보면 아침에 눈을 뜨고 식탁에 둘이 마주 앉아 밥을 먹는 모습이 그려지게 될 것이다. 상상 속의 그림이 편안한가? 그럼 결혼에 가까이 왔다.

[운동 데이트]

건강한 데이트 중에 운동 데이트도 있다. 커플이 탁구, 골프, 테니스 같은 구기 종목을 함께해도 좋고, 헬스장에 함께 가서 근육을 키우는 것도 좋다. 물을 좋아한다면 수영을 해도 좋고, 산을 좋아한다면 이 산 저 산 정복을 도전해 보자. 어떤 남

편이 스쿠버 다이빙에 빠졌다. 쉬는 날이면 이 바다, 저 바다로
다니느라 정신이 없었다. 아내가 남편을 빼앗아 간 스쿠버 다
이빙에 화가 났다. 그래서 하루는 저놈의 스쿠버 다이빙이 뭔
지 보자는 심산으로 남편을 따라나섰다. 그러다 아내가 바다
속 매력에 푹 빠졌다. 그날로 이 부부는 스쿠버 다이빙 메이트
가 되었다. 당연히 서로에 대한 이해도 커졌고 관심사가 같으
니 할 이야기가 더욱 많아졌다. 또한 부부가 어울리는 사람들
이 동일하니 여가 시간이 날 때마다 약속을 잡기도 편해졌다.
이렇게 사랑하는 사람과 평생 함께할 수 있는 운동이 있다는
것은 참 좋은 일이다. 데이트하는 동안 둘이 함께할 수 있는 운
동 종목을 찾아 보자. 운동을 싫어해도 우리 모두에게 근육은
필수다. 하기 싫은 운동도 연인과 함께하면 사랑과 건강 두 마
리 토끼를 잡을 수 있다. 그러니 운동을 좋아하지 않더라도 그
나마 하고 싶은 운동을 찾아서 백년해로에 일조할 수 있는 근
육을 오늘부터 만들어 보자.

[QT 데이트]

QT 데이트도 강력 추천이다. 데이트를 하다 보면 어느 순
간부터 중견 부부처럼 별말을 하지 않아도 서로의 마음을 아
는 사이가 되어 간다. 좋아하는 음식, 좋아하는 영화, 좋아하는

음악, 좋아하는 장소를 다 알고 있으니 서로에 대한 질문이 점점 사라지게 된다. 영화를 보러 가서 오늘은 보고 싶은 영화가 다를까 싶어서 괜히 물어봤다가 '아직도 그걸 몰라?'라는 핀잔을 들을 수 있다. 이제는 대화의 깊이가 한 단계 업그레이드되어야 할 때다.

이때 좋은 데이트 방법이 QT 데이트다. 먼저 QT 책을 사서 매일 하루치 말씀을 읽고 나눠 보자. QT 책을 사용하면 말씀에 대한 가이드 질문도 들어 있고 예화나 도움이 되는 글들이 담겨 있어서 말씀을 묵상하고 나누는 데 도움이 된다. 특별히 성경 66권 중에 함께 읽고 싶은 부분을 골라 매일 한 장씩 읽고 나누는 것도 방법이다. 서로 같은 본문을 읽고 깨달은 점, 삶에 적용해야 할 것들을 나누다 보면 상대의 깊은 생각도 알게 되고 삶의 방향도 공유하게 된다.

매일 하루를 마무리하면서 오늘 어떤 일이 있었는지 나누고, 나는 말씀을 이렇게 적용하며 살았다고 고백하는 통화는 얼마나 감미로운가? 이렇게 바둑기사처럼 하루를 복기하고 말씀으로 반성하는 사람이라면 분명 발전 가능성이 크다. 아무리 생각해도 말씀 데이트는 유익한 점으로 도배되어 있다.

만약 말씀 묵상하는 것이 훈련되지 않아서 성경을 읽었는데도 아무 생각도 떠오르지 않고, 뭘 나눠야 하나 생각이 든다면 교회에서 열리는 QT 세미나에 등록해 보자. 배우면 길이 보이고 말씀이 깨달아지면 삶이 열린다. 이만큼 품격 있는 데이트가 있을까 싶다.

단 하나 노파심에 말한다. QT 데이트를 지속하는 비결이 있다. 서로를 말씀으로 비난하거나 가르치려 드는 말투를 삼가면 된다. 이 시간은 서로의 묵상을 나누는 시간이지 오늘 했니 안 했니를 따지면서 숙제를 확인하거나 다른 사람의 설교를 듣는 시간이 아니기 때문이다. 꿀송이보다 달콤한 말씀이 눈앞에 있다. 두 사람의 걸음에 등불이 되어 줄 이 말씀을 붙들고 달달한 데이트를 하길 바란다.

그러고 보면 데이트는 삶의 일부를 공유하는 것이다. 밥을 먹고, 운동을 같이 하고, 말씀을 나누는 일은 결혼하고 나서도 일상처럼 계속 이어진다. 그래서 데이트를 하다 보면 헤어지는 시간이 아쉽다. 더 같이 있고 싶고, 더 삶을 공유하고 싶은데 신데렐라처럼 각자의 집으로 돌아가야 할 시간이 꼭 찾아온다. 그래서 집에 들어가서도 못다 한 말을 하기 위해 전화 통화를 하지 않는가? 장거리 커플이 영상 채팅을 켜놓고 각자 할 일을 하다가 중간중간 대화 나누는 모습을 보고 놀랐다. 얼마나 붙어 있고 싶으면 저럴까 싶었다. 이러다 보면 저녁이 되어도 헤어지지 않고 아침에 눈을 떴을 때도 사랑하는 사람이 바로 옆에 있으면 얼마나 좋을까 생각하게 된다. 결혼밖에는 해결 방법이 없다. 결혼을 하면 24시간 데이트가 가능하니 말이다.

Q.

둘이 함께할 수 있는 운동은 뭐가 있을까?

Q.

말씀 데이트를 어떻게 할지 계획해 보자. QT 책도 종류가 많다. 둘이 손잡고 기독교 서점에 가자. 마음에 드는 QT 책을 골라서 매일 말씀의 양식을 읽고 나눠 보자.

Q.

성경 한 권을 정해서 차근차근 같이 읽는 것도 좋다. 신약부터 시작해도 좋고, 지혜의 말씀인 잠언을 골라도 좋다. 어디서부터 시작할까?

20 | 만남이 아름다웠던 만큼
이별도 정중하게

서로를 바라보는 눈이 반짝였고, 이야기가 잘 통해서 한 번 자리에 앉으면 시간 가는 줄 몰랐다. 둘이 손잡고 걸으면 지구 한 바퀴도 돌 수 있을 것 같았는데 어느새 삐걱거리기 시작했다. 문자에 답이 늦었다고 서운해하고, 주말에 데이트를 하냐 마냐로 싸운다. 예전에는 데이트가 제일 중요하다고 다른 일은 다 제쳐 놓고 나왔는데, 이제는 일이 이렇게 바쁜데 이것도 이해 못해 주냐며 싸운다. 헤어질 시간이 되면 서로 그렇게 아쉽고 애틋해 밤길 조심하라며 신경을 썼는데 이제는 만사가 귀찮은 눈치다. 통화도 점점 짧아진다. 전화를 걸어도 딱히 할 말이 없다. 헤어짐의 기미가 보인다. 이럴 때, 한 명이 작정하고 말한다.

"우리 헤어지자."

이별은 살을 에는 고통이다

헤어짐은 슬프지만 충분히 있을 수 있는 일이다. 결혼을 생각하고 사귀었고, 서로에게 진심을 다했지만 언제든 헤어짐이 찾아올 수 있다. 온 지인들에게 다 소개했는데 헤어질 수 있고, 뽀뽀를 했는데 헤어질 수도 있고, 웨딩사진을 찍고 당장 내일이 결혼식인데 헤어질 수 있다. 그래서 연애 중에 스킨십은 서로가 헤어져도 괜찮은 만큼이 적당하다. 헤어짐은 언제든지 찾아올 수 있음을 꼭 기억하자.

솔직히 결혼했다가 헤어지는 것보다 사귀는 중에 헤어지는 것이 백번 낫다. 뭐 한번 갔다 오는 게 요즘 세상에 그렇게 힘든 일인가 생각해서 이혼을 염두에 두고 결혼한다면 정말 큰일 날 일이다. 세상이 아무리 변했어도 이혼이 쉬운 세상은 없었다. 이혼하고 아무렇지 않은 사람, 멀쩡한 정신으로 견딜 수 있는 사람은 하나도 없다. 성경에서는 결혼을 "이러므로 남자가 부모를 떠나 그의 아내와 합하여 둘이 한 몸을 이룰지로다"(창 2:24)라고 말한다. 그런데 이 '합하여'라는 단어는 히브리어 '콜라오'로, '연합하다, 아교로 붙이다'는 뜻이다. 아교는 동물을 고아서 만든 접착제인데 이 단단한 접착제로 남자와 여자를 붙이는 것이 결혼이다. 그런데 이 둘을 누가 붙이느냐 하면 바로 하나님이다. 남자와 여자가 둘이 좋아서 자기들이 하나 되기로 한 줄 알지만 그 뒤에는 하나님의 큰 손이 있다. 히브리어를 해석할 때는 그 문장에 동사가 어떤 형태로 쓰였는지가 중요한데, 이 말씀에 '합하여'는 미래수동형으로 쓰였다. 그러니 하나님이 오늘 하루만 붙여 놓으시는 것이 아니라 영원히 미래까지 계속 붙여 놓으시는 것이다.

그런데 문제가 발생한다. 남자와 여자가 서로 마음에 들지 않는다고, 도저히 같이 못 살겠다고 하면서 하나님이 붙여 놓으신 것을 스스로 뗀다. 이것이 이혼이다. 생각해 보자. 종이를 풀로 붙였다가 떼어도 본 모습으로 돌아가지 못한다. 아무리 잘 뜯으려고 해도 풀이 붙었던 곳은 다 너덜너덜해진다. 그런데 하나님이 강력한 접착제로 붙여 놓으신 두 사람이 억지로 서로를 떼어 냈으니 서로의 살이 뜯기고 뼈가 보이고 피가 흐르는 것이 당연하다. 그래서 이혼이 뼈저리게 아프고 평생의 상처로 남는 것이다. 그런데 당신은 아직 결혼 전이다. 하나님 앞에서 서약하기 전에 상대방이 평생을 함께할 동반자가 아니라는 생각이 든다면 헤어지는 것이 당연하다. 마음은 아프지만 여기서 마무리하는 것이 훨씬 낫다.

배려 없는 이별을 주의하자

헤어지기로 작정했는가? 그렇다면 이별을 잘해야 한다. 난 여러 번 사귀었다고 자랑하는 사람을 눈여겨본다. 그 사람은 이 어려운 이별을 소홀히 했을 합리적 의심이 든다. 이별을 한 번 하면 다시는 안 하고 싶은 마음이 드는 게 정상이다. 이별 후에 부르는 노래를 들어 보면 슬픔으로 거의 반 죽은 사람이 부르는 노래 아닌가. 시간이 지나도 아픔이 사라지지 않고, 기억에서 지우려 해도 지워지지 않는 그 사람이 그리워 부르는 노래 아닌가? 누가 그런 아픈 마음을 또 느끼고 싶겠는가? 그러니 이별을 여러 번 했다는 사람은 사귐도 헤어짐도 대충했을 가능성이 높다. 달랑 문자로 헤어지자고 통보하는 몰상식한 사람, 헤어지자는 그 어려운 말을 하면서도 마음이 전혀 동요하지 않는 감정이 메말라 버린 사람, 또는 갑자기 연락을 끊고 잠수를 타서 남의 속을 뒤집어 놓는 사람, 사랑은 사랑으로 치유해야 한다며 또 다른 사람을 금방 만나는 속없는 사람일 가능성이 높다. 이런 사람은 누굴 만나기 전에 사람부터 되길 기도한다. 사람을 존중할 줄 알아야 사람이다. 그러니 여러 번 사귀었다고 자랑하는 사람을 만나면 과거에 어떻게 헤어졌었는지 물어보자. 상대를 배려한 적이 없으니 대답할 말이 없을 것이다. 헤어지는 것은 힘들어야 정상이다.

[문자 이별]

문자 메시지로 헤어지는 것이 왜 나쁠까? 문자 메시지는 상대의 반응을 볼 수가 없다. 상대가 헤어지자는 말을 받아들일 준비가 되었는지, 상대가 이 말을 듣고 어떻게 반응하는지에 대해서는 무관심하다. 상대에 대한 어떤 배려도 없이 철저히 자신이 하고 싶은 말만 일방적으로 전달하는 방법이 문자 메시지다.

문자 이별의 비열함이 잘 느껴지지 않는다면 직장에서 해고 통보를 문자 메시지로 받았다고 생각해 보자. 일방적인 통보를 받은 당신의 기분은 어떻겠는가? 당한 사람은 억울하고 속이 터지는데 그 감정을 회사에 드러낼 길이 없다. 자기를 변호할 기회도 없고, 해고당한 이유를 들을 수도 없다. 상사가 이 일이 있기 전에 미리 언질이라도 주었더라면 마음의 준비를 하고 다른 곳을 알아보았을 텐데 갑자기 벌어진 일에 너무 황당하다. 일방적인 통보는 둘째 치고 얼굴과 얼굴을 맞대고 해고 통보를 받으면 그 말을 하는 사람에게 소리라도 치든지, 내가 얼마나 이 회사에 기여했는지 조목조목 따지든지, 문이라도 쾅 닫고 나와서 속상한 마음을 표출하겠는데 문자 메시지로는 내 생각과 감정을 전할 길이 없다. 그래서 문자 메시지로 헤어지자고 하는 것은 상대를 존중하지 않는 전형적인 방법이다. 또한 좋은 것은 글로 남기는 것이 좋지만 나쁜 내용은 글로 남기지 않는 것이 삶의 지혜다. 칭찬을 글로 전달하면 두고두고 볼 수 있어서 좋지만, 나쁜 내용은 남겨서 좋을 것이 없다. 말로 맞아도 아픈 말을 글로 남겨서 두고두고 때릴 필요가 없다.

[배려 없는 이별]

헤어지자는 말을 하는데 아무 감정이 없는 사람은 가슴을 치며 회개하기 바란다. 당신의 마음은 돌밭이다. 딱딱한 당신의 가슴을 치며 부드러운 마음 되기를 간절히 기도하자. 이렇게 감정이 메마르고, 상처 주는 말이 쉬운 사람은 당신이 아무리 사랑하고 소중히 여기는 사람을 만나도 가시 돋친 말로 상처 주기 십상이다. 본인은 상대에게 빨갛게 핀 예쁜 장미를 건넸다고 생각하지만, 장미를 받아든 상대방의 손에는 뾰족한 가시가 여기저기 박혀 있다. 장미를 받은 사람은 아파하는데 준 사람은 모른다. 이것만큼 갑갑한 일이 없다. 헤어짐은 아픈 일이지 속시원한 일이 아니다. 자신의 마음이 너무 무뎌서 사람들의 마음을 전혀 모르겠고, 감정이 메마르다 보니 삶이 갈라진 논바닥 같은가? 마음이 돌밭인 당신은 남친, 여친의 마음은 둘째 치고 인간관계에서도 어려움을 느끼고 있을 것이다. 마음 밭 갈기에 선수이신 하나님께 나아가자. "제 마음을 부드러운 땅으로 기경하여 주소서"라고 기도하며 사람들의 감정을 유심히 살펴보기 바란다.

[잠수 이별]

혜어질 때마다 잠수를 타는 사람도 혼나야 한다. 어떤 학생이 아르바이트를 시작했는데 하루 일을 마치고 어두운 얼굴로 가게를 나갔다. 그리고 다음 날부터 연락도 없이 사라졌다는 이야기를 들었다. 전형적인 회피형의 사람이다. 이런 사람은 어려운 일을 만나면 해결하거나 끝까지 맞닥뜨리려는 의지가 없다. 문제가 생기면 그냥 피하고 본다. 눈앞에 보이지 않으면 해결된 것으로 치고 덮어놓고 나 몰라라 하는 사람이다. 가게를 나설 때, 사장님에게 저를 써주셔서 감사한데 솔직히 이 일이 너무 힘들어서 내일부터는 못하겠다고 말하고 떠났어야 했다. 제가 너무 어설퍼서 일을 배우는 데 오래 걸릴 것 같으니 다른 사람을 구하는 것이 나으실 것 같다고 말을 했어야 했다. 적어도 전화라도 해서 제가 도저히 그 일을 못 하겠으니 다른 사람을 구하시라고, 죄송하다고 알렸어야 했다. 그런데 말도 없이 홀쩍 떠난 당신은 항상 마무리가 일방적이다.

　이런 유형이라면 절대적으로 사람부터 되어야 한다. 일도 사랑도 이런 식이라면 제대로 되는 것이 있겠는가? 이런 사람의 삶은 방 안에 먹다 만 음료수, 뜯어 놓은 과자, 냉장고에 넣어 놓지 않은 우유가 가득한 느낌이다. 그러니 매번 움직일 때마다 뚜껑 열린 음료수를 피해야 하고, 과자를 발로 밟지 않게 조심해야 한다. 게다가 어디선가 상한 우유 냄새가 솔솔 난다. 이렇게 정리되지 않은 상태가 하나둘 쌓여만 간다고 생각하면 정말 답답한 일이다. 자리에서 벌떡 일어나 주위를 깨끗하게 정리하고 싶지 않은가? 발에 치일 수도 있는 음료수, 발에 밟히는 과자 가루를 걱정하지 않고 성큼 성큼 움직이고 싶지 않은가?

　여태까지 모든 일을 잠수로 끝냈다면 지금이라도 하나씩 제대로 마무리 짓기 바란다. 주위에 내버려 둔 음료를 하나씩 들어서 싱크대에 비우고 깨끗한 물로 행구자. 그리고 깨끗하게 된 빈 병을 모아서 재활용 통에 넣자. 이건 전화로도 가능하다. 그때 미안했다고, 내가 사람이 덜 되었었다고, 마주하고 말할 용기가 없었다고, 잠수 타고 사라진 것을 용서해 달라고 구하자. 세상은 넓지만 살다 보면 정말 좁다고 느낀다. 한두 다리 건너면 모르는 사람이 없고, 요즘은 SNS로도 온 세상 사람들과 소통할 수 있으니 누가 어디서 무엇을 하고 있는지, 뭐 하고 지내는지 다 알 수 있다. 모른 척하고 살 뿐이지 찾으면 다 나온다. 그러니 잠수 탄다고 땅속으로 들어가지 말자. 두더지처럼 살지 말자. 빛의 자녀여, 빛 가운데로 나오라.

헤어짐에도 정성이 필요하다

연애의 시작을 생각해 보자. 그 사람에게 마음이 끌렸다. 그리고 상대의 눈빛 또한 심상치 않음을 확인했다. 얼마 정도의 썸을 거치면서 서로에게 더 큰 호감을 느꼈고, 사귀는 사이가 되기 위해 가장 좋은 시간을 고르고 상대방을 기쁘게 하며 고백했다. 그녀에게서, 그에게서 "Yes"라는 대답을 들었을 때, 세상을 다 가진 것처럼 행복했다. 이렇게 사력을 다해 교제를 시작하지 않았는가?

사귈 때도 그 사람 덕분에 행복했다. 나를 아끼고 위해 주는 그 마음에 힘을 얻었다. 함께 시간을 보낼 때 즐거웠고 시간 가는 줄 몰랐다. 하지만 이제 여러 가지 고민 끝에 관계를 정리하려고 한다. 그렇게 결심했다면 마지막도 시작과 동일하게 정성을 다해야 한다. 물론 만나서 헤어지자고 말하는 것이 두려울 수 있다. 만나면 입이 떨어지지 않을 수도 있고, 상대가 받아들이지 않을까 봐 걱정될 수도 있다. 이럴수록 흐지부지 끝낼 것이 아니라 끝맺음을 정확히 해야 한다.

한번은 대낮에 차를 타고 가는데 길에서 한 남자의 울부짖는 소리가 들렸다. 그 남자는 얼마나 화가 났는지 가게 앞에 세워 놓은 간판을 주먹으로 치고 있었다. 분명히 남의 집 간판이었을 텐데 자기 주먹이 부서지든지 그 간판이 구겨지든지 뭐가 되어도 상관없다는 듯이 내려치고 있었다. 그리고 연인으로 보이는 여자는 그 앞에서 울고 있었다. 자세한 내용은 모르지만 남자가 여자에게 단단히 화가 나서 보란듯 난동을 부리는 것 같았다. 운전 중이라 여자에게 말을 걸어 볼 수는 없었지만, 그 남자와는 반드시 헤어져야 한다고 쫓아가서 말해 주고 싶었다. 지금은 그 남자가 간판을 치지만 나중에는 본인을 칠 수도 있으니 말이다.

이런 경우는 마음먹은 김에 마무리를 확실히 해야 한다. 만약에 상대가 화를 주체하지 못하거나 폭력을 쓰는 사람이라면 부모님을 모시고 가서 본인이 더 큰 보호 아래 있음을 보여 주고 깔끔하게 정리하는 것이 좋다. 화가 나면 다스려지지 않은 사람, 폭력을 쓰는 사람과는 애초에 헤어지는 것이 낫다. 성경에도 노를 품는 자와 사귀지 말며 울분한 자와 동행하지 말라고 알려 준다(잠 22:24). 속에 화가 가득한 사람은 가슴에 불을 품은 사람이다. 불 곁에 있으면 어떻게 되겠는가? 불은 절대 혼자 타는 법이 없다. 주변을 다 살라 버리고 재로 만들어야 끝이 난다. 그래서 이 사람이 불이다 싶으면 멀리 떨어지는 것이 지혜다. 재가 되고 싶지 않으면 당장 관계를 정리해야 한다.

노하기를 더디하는 자는 용사보다 낫고 자기의 마음을 다스리는 자는 성을 빼앗는 자보다 나으니라 | 잠 16:32 |

헤어져야겠다고 마음을 먹었다면, 조용한 곳에서 만나 준비한 말을 하길 바란다. 이날 만큼은 더 정중하게 예의를 갖추어야 한다. 모든 만남은 소중하다. 사귀는 동안 상대를 통해 사람에 대해 더 깊이 알게 되었고, 둘이 함께 사는 인생에 대해 배웠다. 무엇보다 소중한 사랑을 느껴 보지 않았는가? 상대에게 고마운 점들은 충분히 고마워하면서 함께 열었던 추억의 페이지를 정중하게 닫기 바란다. 헤어짐은 아프다. 그렇다고 미루고, 흐지부지 끝낼 일도 아니다. 아픈 마음을 정리하는 것은 각자 해결해야 할 몫이고, 서로를 위해 지어야 할 매듭은 정확히 짓는 것이 상대를 위한 존중이다.

| 과거에 대하여 |

· 왜 헤어져야겠다고 결심했는가?

· 어떻게 헤어졌는가?

· 헤어짐의 아픔을 어떻게 극복했는가?

· 인생에 잠수로 마무리한 일이 있다면 깔끔한 마무리를 할 차
  례다. 그 일을 생각해 보고 어떻게 마무리할지 생각해 보자.

| 현재에 대하여 |

· 왜 헤어져야겠다고 결심했는가?

· 어떻게 헤어질 것인가?

PART 5.

결혼의 본질

21 | 만남부터 결혼까지 순조롭게 하소서

아브라함이 100살에 얻은 소중한 아들을 장가보낼 계획을 세운다. 그는 믿음의 조상답게 하나님을 모르는 이방 여인 말고, 하나님을 섬기는 여인이 이삭의 배우자가 돼야 한다고 생각했다. 그리고 그 생각을 실행에 옮긴다. 그런데 조금 의아한 내용이 나온다. 아브라함은 결혼 당사자인 이삭을 고향으로 보내지 않았다. 대신 종 엘리에셀에게 이 일을 부탁했다. 다른 것은 몰라도 배우자를 찾는 일만큼은 본인이 나서야 할 일이 아닌가? 엘리에셀이 도대체 누구길래 아브라함은 그를 보내는 것일까? 아버지는 그렇다 해도 이삭은 왜 본인 일에 나서지 않고 가만히 있는 것인가?

먼저 엘리에셀을 살펴보자. 창세기 15장에 보면 아브라함은 아이를 기다리다 지쳤다. 아무리 기다려도 하나님이 아기를 주시지 않자 자신의 상속자로 적합한 사람을 생각해 보았다. 자신이 데리고 살았던 조카 롯도 있고, 고향 땅에 다른 친척들도 있었다. 그런데 아브라함의 마음에 가장 흡족한 사람은 자신이 기른 종 엘리에셀이었다. 그래서 하나님께 말씀드린다.

> 아브람이 이르되 주 여호와여 무엇을 내게 주시려 하나이까 나는 자식이 없사오니 나의 상속자는 이 다메섹 사람 엘리에셀이니이다 | 창 15:2 |

엘리에셀은 지혜로웠고, 하나님을 잘 섬겼으며, 수많은 종 중에서도 주인의 마음에 가장 합한 자였다. 그래서 아브라함은 집안의 모든 소유를 엘리에셀에게 맡겼다. 이삭이 성인이 되었지만 아직도 엘리에셀이 모든 것을 관리 중이다. 이렇게 엘리에셀은 아브라함의 신뢰를 한몸에 받고 있었다.

그렇다 해도 이번 임무는 적잖이 부담스럽다. 아무리 엘리에셀이 이삭에게 어울리는 좋은 상대를 찾았다 해도, 딸을 보내는 부모로서는 신랑감을 만나 보고 싶지 않겠는가? 그런데 아브라함은 절대 이삭을 그 땅에 보내지 않겠다고 한다. 여기서 신부를 구할 확률이 확 깎인다. 누가 이렇게 딸을 주겠는가? 만약 천만 분의 일의 확률로 그 상대가 신랑감을 보지 않고 생전 처음 본 종의 말만 믿고 결혼하겠다고 따라오는 기적이 일어난다고 치자. 엘리에셀이 어렵사리 여인을 집으로 데려왔는데 막상 이삭이 마음에 들어 하지 않는다면 그것도 낭패다. 소개팅도 주선하기 어려운데 결혼 상대를 이렇게 데려온다니 아예 불가능한 일 같다.

이런 엘리에셀의 마음을 아는지 아브라함이 말했다. 하나님이 그의 천사를 먼저 보내셔서 이삭의 아내를 택하실 것이고, 만일 그 여인이 따라오지 않는다고 해도 너의 잘못이 아니니 걱정하지 말라고 안심을 시킨다. 그래서 이 신실한 종은 주인님의 명령을 따라 가능성이 전혀 없어 보이는 일을 하러 주인의 고향으로 떠났다. 그런데 고향 땅에 도착한 엘리에셀의 기도가 범상치 않다.

그가 이르되 우리 주인 아브라함의 하나님 여호와여 원하건대 오늘 나에게 순조롭게 만나게 하사 내 주인 아브라함에게 은혜를 베푸시옵소서 | 창 24:12 |

나도 배우자 기도를 했다. 그런데 내 기도는 아주 간단했다. 보통 배우자 기도문을 작성한 사람들을 보면 이상형을 상세하게 적는다. 솔직히 그 기도 제목을 가지고는 기도하기도 어려울 것 같다. 맥도날드 햄버거 주문도 아니고 하나님께 머리카락은 어떻고, 키는 어떻고, 직업은 어떻고, 성격은 어떻고 말하기도 그렇지 않은가? 매일 하나님 앞에서 랩 하는 것처럼 배우자 기도를 하다가 지친 분들에게 내가 했던 배우자 기도를 추천한다. 바로 이 엘리에셀의 기도에서 힌트를 얻었다.

"하나님 아버지, 계획하신 저의 짝을 순조롭게 만나게 하시고, 결혼까지 순조롭게 이루어지게 하소서"

어차피 이상형은 본인의 눈과 마음이 바로 알아차린다. 내 친구 중에 고양이 상을 유달리 좋아하는 친구가 있었다. 그 친구가 좋아하는 사람이 생겼다고 하면 두말할 것도 없이 고양이 상이었다. 어느 날 그 친구가 열렬히 사랑했던 고양이 상과 헤어졌다. 찢어지는 마음으로 한동안 많이 아파했다. 그러다 한참 시간이 지나 친구는 새로운 사람과 사귀기 시작했다. 나에게 사진을 보여주는데 깜짝 놀랐다. 그 사람도 명백한 고양이 상이었다. 사람의 취향은 좀처럼 바뀌지 않는다. 그래서 주위 사람들을 살펴보면 전에 사귀던 사람과 현재 사귀는 사람의 이미지가 기가 막히게 닮은 경우를 종종 본다.

본인이 호감을 가졌던 사람들을 생각해 보자. 좋아하는 외모나 인상, 분위기는 이미 정해져 있지 않은가? 그러면서 굳이 배우자 기도 제목을 정성스럽게 작성까지 해서 하나님 앞에 내 이상형에 대해서 늘어놓을 필요는 없는 것 같다. 그건 굳이 리스트로 정리하지 않아도 나도 알고 하나님도 아시지 않겠는가? 그래서 나는 만남과 사귐, 결혼까지 이르는 과정을 놓고 기도하기로 결심했다. 리브가와 이삭의 만남처럼 만남에서부터 결혼에 이르기까지 순조롭게 이루어지길 기도했다. 나의 짝인 줄 알고 실컷 사귀었다가 헤어지는 일도 가슴 아픈 일이고 어차피 내 짝이 아닌 사람에게 굳이 내 시간과 에너지를 쓰고 싶지도 않았다. 그 대신 하나님이 정하신 짝이라면 서로가 동시에 알아보고, 서로 사랑에 빠지고, 순조롭게 온 가족의 축복을 받으며 결혼하는 것이 나의 소원이었다.

엘리에셀은 주인인 아브라함을 닮아서 기도하는 믿음의 종이었다. 그는 하나님이 예비하신 짝을 찾기 위해 조건부 기도를 올린다. 앞으로 우물가에 서서 여인에게 물을 달라고 부탁할 텐데 그 여인이 자신에게 물을 줄 뿐만 아니라 엘리에셀이 데려온 낙타에게까지 물을 먹여 주는 친절한 여인이 나타나면 그 여인이 하나님이 정하신 짝인 줄 알겠다고 말했다. 이런 조건부 기도는 잘 생각해서 해야 한다. 엘리에셀은 잘못하면 하루 종일 우물가에 앉아서 물배만 채울 뻔했다. 어디 들어가서 밥도 먹고 두 발 뻗고 한숨 자면 피곤이 풀리련만 주인의 고향에 오자마자 이 기도를 올렸으니 그 여인이 나타날 때까지 꼼짝도 못하게 생겼다.

계획은 이렇다. 이삭에게 잘 어울릴 것 같은 여인이 보이면 얼른 달려가서 물 한 잔 달라고 한다. 그 여인이 물을 주면 얼른 마신다. 그 여인이 빈 잔을 돌려받고 자기 할 일을 하면 낭패다. 이삭이 좋아할 만한 다른 여인이 나타나면 그 여인에게도 똑같은 작업이 시작된다. "물 한 잔 주시겠어요?" 이렇게 엘리에셀은 낙타까지 헤아려 주는 여인이 나타날 때까지 하루 종일 물만 먹고 있어야 했다. 다행히 하나님은 그 기도가 끝나자마자 리브가를 보내 주셨다. 감사한 일이다. 엘리에셀은 한번에 자기뿐만 아니라 낙타까지 물을 주는 리브가를 만났다. 이게 바로 여호와 이레다. 하나님이 준비하심을 보는 것이다. 당신도 인생에서 여호와 이레를 경험하길 기도한다. 하나님이 바로 응답해 주시다니!

하지만 방심은 금물이다. 엘리에셀은 낙타에게 물을 주는 리브가를 보면서 한 가지 중요한 조건을 생각했다. 이삭의 배우자는 아브라함의 친척이어야 한다. 그래서 리브가에게 어느 집안의 딸인지 물어봤다. 그녀의 대답에 깜짝 놀랐다. 기도가 끝나기도 전에 우물가에 나타난 여인, 엘리에셀의 기도대로 낙타까지 물을 먹여 주는 친절한 이 여인이 아브라함의 형제인 나홀의 아들, 브두엘의 딸이었다. 이 정도면 온몸에 소름 돋을 일 아닌가? 엘리에셀 본인이 기도했지만 한방에 이루시는 하나님의 응답에 얼떨떨했을 것 같다. 여기까지만 봐도 하나님의 인도하심, 하나님의 준비하심이 딱 느껴진다.

만남은 예상치 못하게 찾아온다

부부들과 서로 어떻게 만났는지 이야기하다 보면 하나같이 하나님의 인도하심이 보인다. 어떤 커플은 사귀었다가 서로 맞지 않는 게 너무 많아서 대차게 싸우고 헤어졌다. 그러고는 사는 곳도 다르고 일도 달라서 그간 서로의 소식을 전혀 듣지 못했다. 그러다 몇 년 후에 둘이 우연히 길에서 만났다. 싸운 정도 정이라고 만난 김에 밥도 먹고, 차도 마셨다. 예전에는 둘 다 어렸다면 이제는 훨씬 성숙해져 있었다. 이 일로 연락도 자주 하게 되고, 밥도 먹으면서 자연스레 다시 만나게 되었다. 그리고 결혼에 이르렀다. 또 어떤 커플은 교회에서 다락방장과 부다락방장으로 만나 속썩이는 방원들을 놓고 함께 기도하며 다락방(셀)을 섬기다가 결혼에 이르렀다고 했다. 또 어떤 커플은 신입사원 오리엔테이션에서 만나 결혼했단다. 인생의 한 지점에 일어났던 소중한 만남 덕분에 둘이 알게 되고, 이야기가 통했고, 사랑에 빠졌고, 결혼에 이르렀다.

하루는 내가 전도사로 사역한 곳의 목사님 모든 전도사들을 소집했다. 본인의 조카가 신학대학원에 가려고 준비 중인데 선배들이 조언해 주면 좋겠다고 하며 자리를 마련했다. 맛있는 밥을 사준다기에 신나서 참석했다. 여러 사람이 한꺼번에 모인 자리라 내가 그 조카와 따로 이야기할 것도 없었다. 밥만 맛있게 먹고 집에 왔다. 그날 이후로 그 조카분과 얼굴만 아는 사이가 됐다.

그리고 2년이 지나서 학교에서 우연히 그 목사님 조카를 다시 보게 되었다. 서로 반갑다, 학교 입학한 거냐, 축하한다 이야기를 나누다가 밥 한번 먹자는 이야기가 나왔다. 인사치레처럼 한 이야기였는데 그가 바로 시간을 잡는 것이다. 그래서 얼떨결에 둘이서 밥을 먹게 되었다. 그런데 생각 외로 이야기가 잘 통했다. 그래서 밥도 먹고 차도 마셨다. 그날은 그가 좋은 일이 있다며 밥을 샀는데, 나도 축하하고 싶다며 다음엔 내가 밥을 사겠다고 했다. 지금 생각해도 그때, 그 말하길 잘했다. 그렇게 해서 며칠 뒤에 또 밥을 같이 먹었다. 그렇게 밥이 밥을 낳고, 밥이 또 밥을 낳다가 우리는 연인 사이가 되었다. 그리고 결혼까지 이어졌다. 이게 우리 부부의 만남이다.

소중한 만남은 생각지도 않게 찾아온다. 그러니 누군가와 만나서 이야기가 잘 통하면 다음 약속도 자연스럽게 잡아보자. 맛있는 음식점을 소개해 주겠다고 밥 먹자고 하고, 오늘 먹은 음식이 정말 맛있었는데 이 식당의 다른 메뉴도 맛있을 것 같으니 다음에 같이 와서 먹어 보자고 말하자. 저번에는 당신이 샀으니 이번에는 보답할 기회를 달라고 하며 한번 더 밥 먹을 기회를 만들자. 밥이 밥을 낳다 보면 결혼에 이르게 된다.

순조로운 만남을 위해 기도하면서 종종 하는 착각이 있다. 자만추, 일명 자연스러운 만남을 추구한다면서 소개팅에 나가지도 않고, 새로운 사람을 만나 볼 생각은 아예 하지 않고 가만히 있는 것이다. 미안하지만 순조로운 만남도 집에만 있으면 일어날 수 없다. 배우자는 절대 하늘에서 뚝 떨어지지 않는다. 그렇다고 땅에서 솟아나오는 일도 없다. 순조롭다는 것은 본인은 가만히 있는데 백마탄 왕자나 공주가 알아서 찾아와 손 내미는 것이 아니다. 소개팅이 생기면 감사하는 마음으로 나가고, 마음에 드는 사람이 있으면 연락도 해보자. 이런 자리가 있어야 순조로운 만남도 생기는 것이다. 밥을 같이 먹었는데 이야기가 끊이지 않아 둘이 차까지 마시게 되고, 용기 내어 "같이 영화 볼래요?" 물어봤는데 흔쾌히 "Yes"로 이어지는 것이 순조로움이다.

똑똑한 당신은 "이삭은 집에만 있었잖아요?"라고 묻고 싶을 것이다. 그렇다. 재밌게도 이삭은 집에 있었다. 그러나 순조로운 만남을 위해 아무 일도 하지 않은 것은 아니었다. 그는 믿음직한 엘리에셀을 본인 대신 보냈다. 그리고 엘리에셀이 하나님이 정하신 짝을 순조롭게 찾아오도록 기도하고 기도했다. 이삭은 들에 나가 묵상하다가 자기 아내를 맞이했다. 가만히 있지 말자. 외롭다고 소문을 내든지, 사람을 소개해 달라고 티를 내든지, 좋은 사람이 있다면 밥 먹는 약속을 잡든지, 엘리에셀 같은 믿음직한 사랑의 메신저를 보내든지, 아무튼 움직여야 역사가 일어난다.

상대도 가족도 모두가 순조로워야 한다

엘리에셀은 하나님이 택하신 이삭의 짝을 찾았다. 리브가는 아브라함의 친척이며, 하나님을 섬기는 여인이었다. 엘리에셀의 모든 경험과 감을 동원하여 예상해 보건데 이삭이 딱 좋아할 만한 여인이었다. 할렐루야! 하나님이 평탄하게 인도해 주셔서 그 여인을 만났다. 그런데 아직 안심하긴 이르다. 난관이 몇 가지 남았다. 먼저는 이 여인이 엘리에셀을 따라나설지가 의문이다. 자신의 인생을 걸고 모르는 사람을 따라나설 수 있을까? 신랑감을 한 번도 본 적이 없는데? 게다가 리브가의 부모님이 허락해 줄지도 의문이다.

이 어려운 일들을 앞두고 엘리에셀이 한 일이 참 놀랍다. 리브가의 가족을 만난 엘리에셀은 지금까지 이루어진 모든 것이 하나님의 인도였음을 증거했다. 아브라함이 고향을 떠나 하나님의 은혜로 지금까지 살아온 것, 그리고 이삭의 아내를 구하기 위해 고향 땅으로 자신을 보냈음을 말했다. 그리고 자신의 기도와 하나님의 응답이 어떻게 벌어졌는지 세세히 이야기했다. 엘리에셀의 간증을 들은 리브가의 가족은 이 만남이 하나님이 하신 일이라고 인정할 수밖에 없었다. 그리고 리브가에게 묻는다.

리브가를 불러 그에게 이르되 네가 이 사람과 함께 가려느냐 그가 대답하되 가겠나이다 | 창 24:58 |

리브가는 보통 여인이 아니었다. 믿음의 여인이었고 하나님이 하시는 일을 신뢰했다. 지금까지 일어난 모든 일이 하나님의 인도하심이라고 인정하자 뒤도 돌아보지 않고 엘리에셀을 따라나선다. 이제 집을 떠나면 가족을 다시 만나기 어렵다. 그래서 가족들은 리브가에게 적어도 열흘은 머물고 출발하라고 권유한다. 하지만 그녀는 자기가 있어야 할 곳을 알았다. 그래서 뒤도 돌아보지 않고 거침없이 집을 나선다. 이제는 그녀의 결심을 누구도 말릴 수 없었다. 왜냐하면 가족 모두가 하나님의 인도하심을 인정하기 때문이다.

순조로움은 어느 한 명에게만 해당하는 것이 아니다. 커플 둘이서만 순조롭다고 다 된 것도 아니다. 반대로 가족들은 다 순조롭다고 말해도 당사자가 아니라고 하면 아닌 것이다. 모두가 한마음으로 하나님의 인도하심을 인정할 때가 순조로운 것이다. 믿는 사람들이 가끔 실수하는 것 중 하나가 혼자만 순조로운데 모든 것이 순조롭다고 주장하는 것이다.

한 믿음 좋은 자매가 결혼을 놓고 40일 새벽기도를 작정했다. 결혼이 일생일대의 일이니 꼭 기도로 준비하고 싶었다. 그런데 40일 기도를 마칠 때쯤 자신의 시야에 보석 같은 형제가 나타났다. 꼭 주님이 자신을 위하여 보내 주신 사람 같았다. 눈을 감아도 떠도 이 사람만 떠올랐다. 그러다 어느 날 꿈에 자신이 웨딩드레스를 입고 있는데 눈앞에 그 형제가 있었단다. 이건 보통 꿈이 아니구나, 하나님의 사인이구나 싶어서 형제를 찾아갔다. 그리고 형제에게 하나님이 당신과 결혼하라고 하셨다고 말했다. 아쉽게도 형제는 하나님께 들은 것이 하나도 없었다. 이 형제는 너무 황당했지만 자매가 무안하지 않게 자신도 기도해 보겠다고 말했다. 실제로 형제도 기도해 보았지만 하나님은 아무 말씀이 없으셨다.

이런 경우는 순조로운 만남이 아니다. 하나님은 그런 소중한 비밀을 둘 중에 한 명에게만 알려 주시지 않는다. 마리아와 요셉은 결혼을 약속한 사이였다. 그런데 천사가 마리아에게 나타나 아기 예수가 마리아를 통해 이 땅에 오실 것을 알려 주셨다. 이 큰 비밀을 요셉에게는 숨기셨을까? 당연히 요셉에게도 말씀해 주셨다. 천사가 요셉의 꿈에 나타나 상세히 말씀해 주셨기에 요셉은 배가 불러 오는 마리아를 잘 돌볼 수 있었다. 둘 모두에게 해당하는 소중한 비밀이라면 하나님은 둘 모두에게 말씀해 주실 것이다.

또 다른 커플은 둘 모두 자기들의 만남이 하나님의 인도하심이라고 확신했다. 하지만 가족들이 이 만남을 반대했다. 정말 안타까운 일이다. 어떤 이들은 우리 둘이 사는 거지 가족이 무슨 상관이냐고 생각한다. 두 사람의 속상한 마음은 백프로 이해하지만 가족 빼고 본인들끼리 결혼한다는 것은 불가능한 일이다. 내 가족과 내가 떨어질 수 없고, 상대도 가족과 떼려야 뗄 수 없듯이 두 사람이 하나가 되는 데는 가족을 저버릴 수 없다. 그렇다고 가족이 반대하면 무조건 헤어져야 한다는 말이 아니다. 조금 시간이 걸리더라도 가족에게 하나님의 인도하심을 인정받을 때까지 순종하며 기다리기 바란다.

결혼하라고 노래를 부르던 부모도 자녀가 누군가를 데려오면 마음이 불편할 수 있다. 그 상대를 매서운 눈초리로 살펴고 천번 만번 조심하는 것이 부모의 당연한 반응이다. 상대가 순해 보이면 그렇게 물러터져서 이 험한 세상을 어떻게 살아갈 거냐고 걱정하시고, 또 매서워 보이면 너무 사나워서 우리 아이를 잡겠다며 탐탁지 않아 하신다. 이래도 걱정, 저래도 걱정인 부모의 마음을 어떻게 안심시킬 수 있을까? 이런 상황일수록 더 믿음직한 존재가 되도록 신중하게 행동해야 한다. 나도 남의 집 귀한 자식인데 어떻게 나를 싫다고 할 수 있냐고 화를 내면 더욱더 그 사이는 멀어져 간다. 부모 앞에서 발끈하거나 막나가거나 얼굴을 울그락불그락 한다면 반대하는 가족들은 '내가 무례했구나! 정말 잘못했구나!' 하고 깨닫는 것이 아니라 '역시 내가 사람을 잘 봤지. 내 자녀의 배우자감은 아니지' 생각하게 된다.

반대로 생각해 보자. 반대하시는 부모 앞에서 더욱더 납작 엎드려 허락해 주실 때까지 기다리겠다고 말해 보자. 그리고 해오던 대로 성실하게 맡은 일을 하고, 가족에게는 예의를 갖추고, 사랑하는 사람에게 한결같이 진실하다면 나중에 '내가 사람을 정말 잘못봤구나. 우리 자녀 눈이 맞았네' 생각할 것이다. 순조로움은 대통령이 자동차로 이동할 때처럼 신호 하나 걸리지 않고 목적지에 도달하는 것이 아니다. 하나님이 인도하시는 순조로움은 자신을 낮추고 버릴 때 더 속히 이루어진다.

사람은 위기의 순간에 진가가 드러나기 마련이다. 이렇게 어려운 순간을 넓은 마음으로 의연하게 대처한다면 오히려 가족에게 진가를 보이고 무한 신뢰를 얻는 기회가 될 것이다. 자녀를 이기는 부모는 없다. 자녀가 사랑한다는데 머리 싸매고 쫓아다니며 반대하고 싶은 부모는 없다. 단지 나의 자녀가 신실하고 신뢰할 만한 사람과 살기를 바라는 것이 부모의 마음이다. 그러니 하나님의 인도하심을 모두가 인정할 때까지 시간이 걸리더라도 기다리며 나아가는 것이 진짜 순조로움이다.

Q.

창세기 24장의 리브가와 이삭의 결혼 이야기를 천천히 읽고 묵상하자. 그들의 결혼이 어떻게 순조롭게 이루어졌는지 생각해 보자.

· 말씀을 읽으면서 순조로움, 평탄, 형통이 나올 때마다 표시해 보자.

· 어떤 사건들이 하나님의 인도하심을 보여 주는가?

Q.

당신의 만남에 하나님의 어떤 인도하심이 있었는가?

Q.

당신의 만남을 모두가 하나님이 인도하셨다고 인정하는가? 걸림돌이 있다면 무엇인가?

Q.

아직 만남이 이루어지기 전이라면 배우자 기도 맨 위에 '만남부터 결혼까지 순조롭게 이루어지길'을 적어 놓고 기도하자.

22 | 사랑한다면 허락을 받아라

룻과 보아스 커플은 밤새 밀린 이야기를 나누며 연애를
시작했다. 이제 사귄 지 1일이다. 얼마나 좋을 때인가? 그런데
이 둘은 연애를 길게 할 생각이 없다. 보아스의 밭에서 썸을 충
분히 타며 서로에 대해 알았다. 룻의 고백과 함께 당장 결혼 여
부를 확정 짓고 싶다. 솔직히 이 커플에게 결혼은 문제도 아닌
것 같다. 보아스를 보면 재정적으로 풍족해서 돈 많이 든다는
결혼식도 당장 내일 올릴 수 있을 것 같다. 또 시어머니 나오미
는 이 결혼을 누구보다 찬성하고, 당사자들도 서로 좋아한다.
이보다 더 순조로운 만남과 결혼이 있을까 싶다.

남들이 보기에는 순조롭기 그지없지만 당사자들만 아는
어려움은 항상 있기 마련이다. 이 커플도 그랬다. 보아스와 룻
의 결혼은 부모님과 당사자의 손에 달린 것이 아니라 제3자인

보아스보다 가까운 친척에게 달려 있었다. 만약 그 사람이 기업 무를 자가 되겠다고 나서면 룻과 보아스는 24시간 만에 헤어지는 기록적인 커플이 될지도 모른다.

절차대로 진행돼야 탈이 없다

사람이 마음으로 자기의 길을 계획할지라도 그의 걸음을 인도하시는 이는 여호와시니라 | 잠 16:9 |

이 말씀을 들으면 안심이 되는가, 아니면 어차피 내 뜻대로 되지 않으니 막 살자 싶고 자포자기하는 심정이 드는가? 하나님의 선하심을 백퍼센트 신뢰하고 하나님의 뜻대로 사는 것이 당신의 인생 목표라면 이 말씀은 그 무엇보다 위로가 되고 안정을 주는 말씀이다.

실제로 우리가 매사를 계획하고 살아가지만 계획과는 다르게 흘러가는 것이 인생이다. 그렇다고 아무 계획 없이 살겠는가? 하나님이 나에게 맡기신 인생을 선한 청지기로 계획하며 성실하게 사는 것이 우리의 본분이다. 그렇게 하루하루를 살다 보면 하나님이 앞서가시며 우리 인생의 모든 걸음을 선하게 인도하셨음을 보게 된다. 그러니 보아스와 룻이 하루 연애로 끝난다 해도, 혹은 결혼하게 돼도 할렐루야다. 당신에게도 이런 믿음이 있는가?

보아스는 룻과 밤샘 데이트를 하고 눈을 거의 붙이지도 못한 채 성문에 나갔다. 그는 속히 일을 해결하고 싶었다. 아마 속으로 기도했을 거다.

"아버지, 제가 룻을 많이 사랑하지만 아버지의 뜻대로 하옵소서. 룻이 하나님이 계획하신 배필을 만나게 하옵소서. 그런데 그 사람이 제가 되면 좋겠습니다."

내가 보아스라면 이렇게 기도했을 거다. 하나님의 뜻도 뜻이지만 내 의중도 하나님이 아셔야 하지 않는가? 난 꼭 결론을 보기 전에 내 속마음과 전적인 신뢰를 다 고백한다. 하나님 뜻에는 무조건 순종할 거지만 내가 원하는 대로 되지 않으면 아쉬울 마음도 미리 다 보여 드린다. 이런 기도는 꼭 결판나기 전에 드려야 하는 기도다. 왜냐하면 어떤 결과가 찾아와도 하나님이 하신 일에 무조건 할렐루야를 외칠 테니까 말이다.

핸드폰도 없고 이메일도 없던 이 시절, 사람을 만나려면 성문에 가서 기다려야 했다. 그래서 보아스는 아침 일찍 성문에 앉아서 기업 무를 자를 기다렸다. 마침 그 사람이 지나가자, 옆자리에 앉으라고 청하고 이 일의 증인으로 장로 열 명도 앉했다. 이제 모든 준비가 끝났다.

> 보아스가 그 기업 무를 자에게 이르되 모압 지방에서 돌아온 나오미가 우리 형제 엘리멜렉의 소유지를 팔려 하므로 내가 여기 앉은 이들과 내 백성의 장로들 앞에서 그것을 사라고 네게 말하여 알게 하려 하였노라 만일 네가 무르려면 무르려니와 만일 네가 무르지 아니하려거든 내게 고하여 알게 하라 네 다음은 나요 그 외에는 무를 자가 없느니라 하니 … | 룻 4:3-4 |

보아스가 그에게 "네가 기업 무를 자가 되겠느냐?"고 물었다. 눈치 없이 그 남자가 말했다.

"내가 무르리라."

청천벽력같은 소식이다. 보아스가 네가 기업을 무르지 않는다면 내가 이 일을 할 계획이라고 확실하게 언질을 주었건만, 굳이 자기가 하겠단다. 보아스가 침착하게 다시 말한다.

> 보아스가 이르되 네가 나오미의 손에서 그 밭을 사는 날에 곧 죽은 자의 아내 모압 여인 룻에게서 사서 그 죽은 자의 기업을 그의 이름으로 세워야 할지니라 하니 | 룻 4:5 |

네가 그 밭을 사면 네 것이 되는 것이 아니라 죽은 말론의 이름으로 기업을 이뤄야 한다고 말해 준다. 쉽게 결정하지 말고 잘 듣고 판단하라고 설명해 주는 것이다. 땅만 사는 게 아니라 살아 있는 나오미와 룻까지 책임져야 한다고 알려 주니 그 상대가 바로 포기를 선언했다. 여기에서 그 남자의 관심은 오직 땅에만 있었다는 걸 알 수 있다. 그런데 일이 복잡해지니 손해 볼 것 같아 얼른 손을 뗀 것이다. 이런 법적인 확정을 위해서는 신을 벗어 주어야 했는데, 상대는 보아스에게 자기 신발을 순순히 건넸다. 이제 보아스에게 기업 무를 자의 차례가 넘어왔다.

보아스가 장로들과 모든 백성에게 이르되 내가 엘리멜렉과 기룐과 말론에게 있던 모든 것을 나오미의 손에서 산 일에 너희가 오늘 증인이 되었고 또 말론의 아내 모압 여인 룻을 사서 나의 아내로 맞이하고 그 죽은 자의 기업을 그의 이름으로 세워 그의 이름이 그의 형제 중과 그 곳 성문에서 끊어지지 아니하게 함에 너희가 오늘 증인이 되었느니라 하니 | 룻 4:9-10 |

모든 백성과 장로들 앞에서 보아스와 룻의 결혼이 확정되는 순간이다. 이 성문 위에서 놀이동산의 화려한 불꽃놀이가 팡팡 터지는 것 같다.

이 일의 결과가 무엇을 말해 주는가? 하나님이 예비하신 짝이 룻과 보아스라는 것이다. 하나님의 선하심과 인도하심을 신뢰한 두 사람은 결혼을 확정하고 더 기뻤을 것이다. 보아스는 거쳐야 할 순서와 절차를 건너뛰지 않았다. 법을 거스를 생각도 없었다. 그 둘은 하나님께 모든 것을 맡겼고, 모든 것을 주관하고 다스리시는 하나님의 허락을 신뢰했다.

한 커플이 결혼을 허락받기 위해 형제의 부모님을 만나러 가기로 했다. 이 커플은 자매의 나이가 형제보다 다섯 살이 많아서 부모님이 혹시나 반대하지 않으실까 걱정했다. 그래서 부모님을 만나기 전에 목회자와 함께 기도하고 싶다고 찾아왔다. 우리가 한 기도는 다른 것이 아니었다. 우리 모두 이 결혼이 가족의 축복을 받으며 이루어지기를 원한다고 기도했다. 그리고 자매에게 조언했다. 혹시 부모님이 반대하신다고 해도 우리의 삶은 하나님의 손안에 있음을 신뢰하기로 했다. 부모님이 나이에 대해서 어떤 말씀을 하셔도, 내려놓고 듣기로 했다. 섭섭해하는 것도, 울그락불그락 하는 것도, 마음에 한으로 남기는 것도 허용하지 않기로 했다. 하나님이 계획하신 짝이라면 결혼할 것이고, 아니면 헤어져도 괜찮은 일이다. 이렇게 모든 것을 하나님께 맡기고 부모님을 만나러 갔다. 부모님은 물론 나이에 대해서 언급하셨지만 결혼을 반대하지 않으셨다. 그리고 이 둘은 모두의 축복 속에 하나가 되었다.

축복받고 축복할 기회를 버리지 말자

하나님이 창세 전에 준비하신 당신의 짝을 만나게 해달라고 기도하기 바란다. 이 기도에는 하나님에 대한 확신이 들어 있다. 하나님은 선하시며 모든 것을 아시는 전지전능한 분이다. 게다가 그분은 당신에게 가장 좋은 것을 주기 원하시는 아버지다. 그러니 당신의 인생을 놓고 바라볼 분은 오직 하나님이다.

최근에 다른 커플에게서 결혼과 아기 소식을 동시에 들었다. 이 청년은 섬기는 교회에서 리더십이었는데 이 일로 맡은 자리를 내려놓게 되었다고 했다. 청년부의 리더가 모범이 되어야 하는데 그러지 못했으니, 아쉽지만 다음 리더를 세우기로 한 것이다. 교회도 질서를 지키기 위해 불가피한 결정을 내린 것 같았다. 축하는 축하고 혼날 일은 혼날 일이다. 어차피 결혼할 텐데 순서가 좀 뒤바뀐 것이 별일인가 싶은가? 교회가 너무하다고 생각하는가?

보아스와 룻은 순서를 지켰다. 아기를 먼저 가져서 룻보다 가까운 기업 무를 자가 어쩔 수 없이 보아스에게 순서를 넘기도록 하지 않았다. 누구 하나 억지로 허락해 준 것도 아니었다. 마음에 들지 않지만 이미 다 결정 난 일이니 어쩔 수 없이 찬성해 준 사람도 없었다. 관련된 모든 사람이 온전히 자신의 권리를 지키며 결정한 일이었다. 모든 순서와 절차가 정확했다.

얼른 2세를 보고 싶은가? 사랑하는 사람과 당장 같이 살고 싶은가? 그렇다면 먼저 양가 부모님을 찾아뵙고 결혼 허락부터 받길 바란다. 이것이 부모를 떠나 둘이 하나 되는 과정이다. 가끔은 최악의 상황이 발생하기도 한다. 평생을 애지중지 키운 자녀가 갑자기 부모님에게 자기 가정을 이뤘다고 통보하면 부모님은 황당하다. 가슴에는 못이 박힌다. 세상에 내놓은 자식이란 없다. 부모님과 멀리 사는 것과 인연을 끊고 사는 것은 차원이 다른 이야기다. 이미 생긴 아이 때문에 결혼을 허락한다 해도 부모님의 가슴 한 켠은 아리다. 상대를 도저히 예쁘게 볼 수가 없다. 부모로서는 자녀를 빼앗긴 기분이 든다. 내 자녀를 꼬드긴 그 상대가 미워 보이는 것은 당연하다. 순서를 지켰다면 절대 일어나지 않았을 오해들이 뒤바뀐 순서 때문에 줄줄이 사탕으로 일어난다. 그러니 첫 단추부터 잘 끼우자. 양가 부모님을 찾아뵙고 결혼 허락을 받는 것이 본인도 부모님을 잘 떠나는 길이고 부모님 입장에서도 자녀를 잘 떠나보내는 첫 순서다.

혹시 보아스와 룻처럼 제 삼자에게 허락을 구해야 한다면 그분도 얼른 찾아뵙기를 권한다. 아울러 청년부에 있다가 결혼하면 곧바로 성인부로 올라가야 한다. 결혼한 사람들과 미혼의 나눔은 다르다. 괜히 함께 있으면서 서로 대화가 통하지 않는다, 주제가 다르다 등의 말을 할 것 없이 결혼하면 가차 없이 다음 부서로 올라가자. 너무 야박한가? 그럼 적응을 위해 그 해만 봐주겠다. 해가 넘어가거나 기수가 바뀔 때, 자기 자리를 찾아가도록 하자. 그런데 이렇게 자리를 바꾸려면 하던 일, 맡고 있던 것들을 잘 정리하고 떠나야 한다. 현재 청년부에서 리더십을 맡고 있거나 예배팀이나 찬양팀으로 섬기고 있다면 목사님과 꼭 상의하길 바란다. '아름다운 사람은 머문 자리도 아름답습니다' 라는 문구는 화장실에서만 해당하는 것이 아니다. 이렇게 절차와 순서를 지키는 사람들의 지나간 자리는 항상 아름답고 탈이 없다.

Q.

나의 결혼에는 어떤 순서와 절차가 필요한가?

Q.

부모님께 어떻게 결혼 허락을 받을 것인가?

Q.

만약에 반대가 있더라도 당신의 인생을 주관하시는 하나님을
신뢰하는가?

Q.

교회나 직장에서 맡고 있는 일이나 프로젝트가 있는가? 결혼
한다고 손 놓고 있지는 않은가? 어떻게 마무리할 수 있을지 생
각해 보고 상의할 사람이 있다면 이야기 나눠 보자.

23 | 손해 보는 결혼이 복이다

그 기업 무를 자가 이르되 나는 내 기업에 손해가 있을까 하여 나를 위하여 무르지 못하노니 내가 무를 것을 네가 무르라 나는 무르지 못하겠노라 하는지라 | 룻 4:6 |

보아스보다 가까운 친척이었던 사람은 손해가 있을까 봐 결혼을 못했다. 그렇다고 보아스에게는 손해가 아니었을까? 보아스의 상황도 매한가지이다. 나오미가 베들레헴을 떠날 때 팔아 버린 땅을 도로 사야 한다. 돈은 보아스가 쓰는데 소유주는 보아스가 아니다. 룻의 전남편 말론 집안의 이름으로 땅을 사야 한다. 자식을 낳아도 말론의 자녀로 이어질 것이다. 돈은 돈대로 쓰고, 수고는 수고대로 하지만 보아스에게 유익한 것은 하나도 없다. 그래도 그는 막대한 손해를 감수하고서라도 룻과 결혼하길 원했다.

우리의 결혼은 어떠한가? 말하지 않아도 머릿속의 계산기가 착착 돌아가서 재빠르게 결혼 포기를 외쳤던 사람과 별반 다르지 않다. 손해 보는 결혼을 왜 해야 하는가? 당연히 얼굴, 몸매, 재산, 학벌, 직업 같은 것들을 따져야 하는 것 아닌가? 그런데 그렇게 따져보고 유익이 있겠다 싶은 사람과 결혼을 결심하는데 결과는 항상 폭망이다. 왜냐하면 내가 따지는 유익들은 언제라도 사라질 수 있는 것들이었다. 재산을 보고 결혼했는데 뚜껑을 열어 보니 가진 것이 없다. 그럼 결혼이 흔들린다. 상대의 직업이 마음에 들어 결혼했는데 하루아침에 직업을 잃었다. 그럼 결혼이 삐걱거린다. 외모를 보고 결혼했는데 아이를 낳고 키우며 나이가 드니 볼품없이 변했다. 그럼 결혼을 물리겠는가?

손해 보는 결혼을 하자

우리가 결혼에 대해서 하는 아주 큰 착각이 있다. 결혼하면 무조건 상대가 내 도우미가 될 것이라고 생각하는 것이다.

밥해 주는 도우미, 빨래해 주는 도우미, 옷 다려 주는 도우미, 운전해 주고 무거운 짐을 들어 주는 도우미, 돈 벌어 주고 선물 사주는 도우미만 바란다. 그래서 결혼 초에 그렇게 싸운다. 자신을 잘 도와줄 줄 알았는데 생각대로 되지 않으니 후회하고 속았다고 한다. 결혼 전에 그렇게 잘해 주던 그 남자친구, 그 여자친구는 어디 갔냐며 서로 싸운다.

어떤 남편은 빨래를 깨끗이 해주고, 옷을 새것 처럼 다려서, 매일 예쁘게 코디해 주는 아내가 결혼의 로망이라고 했다. 이런 사람은 결혼해서 로망을 이루기보다 세탁소에서 로망을 이루는 것이 낫다. 돈을 조금 들이면 손쉽게 할 수 있는 일을 한 사람의 인생을 걸고 하지 말자. 어떤 아내는 주말마다 토스트와 커피를 들고 침대로 와주는 남편이 로망이란다. 이런 사람도 피곤해서 곤히 자고 있는 사람 힘들게 깨우지 말고 나란히 누워 시켜 먹기 바란다. 로망은 어쩌다 한번 해도 되는 것이니 어쩌다 한번 돈을 좀 쓰고 호사를 누리기 바란다. 이 방법이 로망을 제일 빨리, 꾸준히 이루는 길이다.

결혼은 손해 보는 결혼을 추천한다. 상대를 잘되게 하려고, 상대의 꿈을 응원하려고, 상대에게 도움이 되려고 하는 결혼은 백프로 성공이다. 이런 마음으로 결혼하면 서로가 잘될 수밖에 없다. 힘든 일에 주저앉았다가도 가장 가까운 사람이 옆에서 열렬히 응원해 주고 기도해 주고 어깨를 토닥여 주는

데 오뚜기처럼 다시 일어나지 않겠는가?

솔직히 나는 이 진리를 결혼하고 깨달았다. 지금의 남편이 남자친구이던 시절, 나름대로 계산기를 두드려 봤다. 만약 이 남자와 결혼하면 내게 어떤 유익이 있을까 계산하고, 계산했다. 내 비전은 사람들을 하나님께로 이끄는 사람인데, 배우자까지 이끌고 싶지는 않았다. 그래서 하나님께 "제가 그리는 가정의 머리는 남편이니 남편 될 사람이 나보다 한 발 더 앞서서 나를 이끌어 주면 좋겠습니다" 하고 기도했다. 그런데 남자친구를 보니 가능하겠다는 계산이 나왔다. 또 이 사람의 꿈이 목사이니 결혼하면 내가 하고 싶은 전도사 일도 계속할 수 있겠구나 싶었다.

그런데 막상 결혼하고 나니 내 마음대로 할 수 있는 것이 없었다. 임신하고 배가 불러 오니 전도사 일을 쉬어야 했다. 아기를 낳으니 밤낮으로 아기를 돌보면서 설교 준비를 하기도 쉽지 않았다. 당분간은 일을 쉬는 편이 나았다. 아기가 조금 크니 이제는 남편이 유학을 가겠다고 했다. 그래서 전도사를 또 그만둘 수밖에 없었다. 그러다 기회를 얻어 재미있게 사역을 하고 있었는데 남편이 박사과정에 입학한다고 했다. 그래서 또 그만둘 수 밖에 없었다. 결혼하니 내 계산과는 전혀 다르게 흘러갔다. 남편이 움직이면 그만두고 따라가고, 또 자리가 열리면 사역을 시작하고 이것을 지금도 반복하는 중이다.

남편도 손해가 없지 않았다. 유학 기간 동안 본인의 사역을 잠시 내려놓았는데 쉬어도 쉬는 게 아니었다. 그동안 아내의 사역을 열심히 도왔다. 그전에는 서로의 사역하는 모습을 볼 일이 없었다. 결혼하면서부터 항상 같은 교회에 출석했지만 동일한 시간에 각자의 부서를 섬겨야 하니 서로의 사역을 볼 기회가 없었다. 그런데 이제는 아내만 사역하고 있으니 남편이 우리 부서로 들어와 줬다. 앞치마를 입고 마이크를 점검해 주고 예배 전에 의자도 깔아 주고 떠드는 아이들이 있으면 데려다가 조용히 시키는 일을 묵묵히 해줬다. 예배가 끝나면 청소기 돌리는 일까지 도맡아 했다.

그런데 이게 다 손해였을까? 나는 남편 덕분에 다양한 교회를 경험할 수 있었다. 나 혼자라면 그렇게 이동할 수 없었을 텐데 남편 덕분에 과감하게 자리를 옮길 수 있었다. 또 남편이 청년부를 맡은 덕분에 옆에서 결혼 세미나, 중보 기도회를 인도하며 청년들을 만날 수 있었다. 나 혼자 사역했으면 어린이 사역만 주구장창 했을 텐데 남편 덕분에 이것저것 해볼 수 있는 기회를 얻었다. 그리고 그 경험이 이 책을 쓰는 계기가 되었다. 또 남편도 목사로서 다양한 부서 사정과 교회 전반을 알아야 하는데 아내를 도우면서 처음으로 교육부를 제대로 보게 되었다고 했다. 어린이 사역을 자칫하면 소홀히 여길 수 있는데 우리 남편은 선생님들의 수고와 어린 영혼들의 예배에 대해 생각해 볼 기회를 얻었다. 부부가 서로를 응원하고 도우며 살다 보면 손해는 없다. 인생에 버릴 것이 없다. 모든 것이 유익이다.

하나님은 손해를 반드시 배상하신다

보아스는 성숙한 사람이라 손해를 감수하고 결혼했다. 기꺼이 룻을 위해 희생할 준비가 되어 있었다. 하나님은 그의 중심을 보고 기뻐하셨다. 그리고 그에게 큰 상을 주신다. 하나님이 해주시는 손해 배상은 규모가 다르다.

> 살몬은 라합에게서 보아스를 낳고 보아스는 룻에게서 오벳을 낳고 오벳은 이새를 낳고 이새는 다윗 왕을 낳으니라 다윗은 우리야의 아내에게서 솔로몬을 낳고… 야곱은 마리아의 남편 요셉을 낳았으니 마리아에게서 그리스도라 칭하는 예수가 나시니라 | 마 1:5-6, 16 |

마태복음 1장에 나오는 족보에 익숙한 이름들이 보인다. 보아스가 룻에게서 낳은 아들이 오벳인데, 그는 다윗의 할아버지다. 다윗을 필두로 보아스의 족보는 왕의 족보가 되었다.

게다가 한참 뒤에는 다윗의 후손으로 예수님까지 등장하신다. 가문의 영광도 이런 영광이 없다. 아마 보아스는 살아 있을 때, 자기 아들 오벳을 본인의 족보에 넣지 않고 말론의 족보에 넣었을 것이다. 기업 무를 자의 사명대로 남의 집안 살리는 일을 충실히 하고 역사의 뒤로 사라지려 했을 것이다. 하지만 하나님은 보아스를 그렇게 내버려두지 않으셨다. 그리고 신약의 시작을 알리는 마태복음 1장, 예수님 족보에 보아스가 등장한다. 이 족보는 예수님의 족보지만 보아스의 족보이기도 하다. 또한 이 족보에는 역사에 획을 그은 중요한 여인들이 등장하는데 룻도 당당히 그 이름을 올렸다.

생각해 보자. 보아스는 이런 꿈을 꾼 적이 없다. 그는 족보만큼은 완전히 내려놓고 오직 기업 무를 자의 의무만 생각했다. 그래서 기업 무를 자의 법을 따라 결혼식을 올렸고, 말론 가문의 땅을 사고, 아들을 낳아 말론의 족보에 올렸다. 보아스는 자신의 유익보다 룻의 삶을 구원하는 것이 그 무엇보다 기쁜 일이었다. 하나님은 보아스의 손해 보기로 작정한 이 마음을 아주 기특하게 보신 것 같다. 예수님이 오실 족보로 이만한 족보가 없다고 생각하셨다. 하나님은 이렇게 확실하게 보상해 주신다.

당신의 결혼에도 이런 은혜가 임하기 바란다. 나의 성장을 위해 결혼하는 것이 아니라 서로의 꿈을 응원하며, 상대를 위해 기꺼이 손해를 감수할 마음으로 결혼한다면 거기서부터 은혜가 시작된다. 하나님의 역사가 일어난다. 지금 눈앞에는 아무 이익이 보이지 않을 수 있다. 둘이 밑바닥부터 시작하는 느낌일 수 있다. 하지만 그런 결혼이 은혜다. 둘이 함께 가는 모든 걸음이 모험이고 도전이고 경험이며 역사가 될 것이다. 서로를 위해 수고하고 상대를 위해 기도하며 열렬히 응원하는 동안 그 둘의 지경은 넓어지고 성숙해지고 성장할 것이다. 실제로는 모든 부부가 바닥부터 시작한다. 출발선은 항상 바닥에 그려져 있다. 거기서부터 가정을 세워 가고 둘이 하나 됨을 이뤄 가야 한다.

한참 앞선 줄 착각했다가 굳이 바닥을 세게 치고 시작하는 사람이 있다. 괜히 서로를 비난하지 말자. 후회하지 말자. 우리는 출발선이 어디에 있는지 안다. 겸손하게 바닥부터 두 손 꼭 잡고 한 걸음 한 걸음 발맞춰 가보자. 당신의 가정은 보아스와 룻의 가정처럼 하나님의 시선이 임하는 자리가 될 것이다.

Q.

나는 결혼을 통해 어떤 유익을 추구했는가?

Q.

지금 사랑하는 사람과의 결혼이 어떤 손해를 가져올까 두려운가?

Q.

서로의 꿈이 무엇인지 나눠 보고, 어떻게 응원할 수 있을지 생각해 보자.

Q.

결혼한다면 실제적으로 상대를 어떻게 섬길 수 있을지 나눠 보자. 부부가 되면 함께하게 되는 일을 전부 적어 보고 임무를 분담해도 좋다. (예: 쓰레기 버리기, 밥 하기, 청소 하기, 세탁기 돌리기, 고지서 내기 등)

24 | 결혼식의 본질을 잊지 말자

양가에 결혼 허락도 받았고 상견례도 마쳤다. 결혼식 날짜와 예식장도 정했다. 이제 같이 살 집도 정해야 하고, 웨딩사진도 찍어야 한다. 신혼여행 예약도 해야 하고 드레스와 양복도 골라야 한다. 할 일이 너무 많으니 시작하기도 전에 정신이 없다. 이럴 땐 이 일을 왜 해야 하는지 곰곰히 생각해 봐야 한다. 남들이 한다고 무턱대고 따라할 필요가 없다. 생각보다 사람들은 의미도 모른 채 남들이 하니까 하는 게 많다. 그런데 물어보면 그 누구도 왜 하는지 모를 때가 있다. 특별히 결혼같이 평생에 한 번 할까 말까 한 일을 할 때, 이런 실수가 벌어진다. 정신을 똑바로 차리고 생각해 보자.

결혼식은 새 가정의 출발을 알리는 예배다

결혼을 준비할 때, 결혼식이 가장 큰 과제이다. 한복도 드레스도 양복도 다 결혼식장에서 입으려고 준비한다. 손님들의 식사며 답례품이며, 사진사를 고용하는 것도 결혼식을 위해서고 심지어 웨딩사진을 찍는 이유도 결혼식장 앞에 진열하기 위해서다. 이 복잡한 일을 왜 하는 것인가?

나는 결혼식을 정말 생각 없이 했다. 나와 신랑이 주도적으로 한 것은 우리 친구들을 초대하는 것 정도였다. 모든 것은 부모님들의 의견이 주도적이었다. 양가 부모님이 상의하셔서 결혼식장을 교회로 정했고, 주례자도 골라 주셨다. 당연히 음식, 손님 접대, 모든 것이 부모님의 수고로 가능했다. 만약에 나와 남편이 결혼식을 주도할 수 있는 성숙함이 있었다면 어땠을까?

코로나 팬데믹 기간을 지나면서 새로운 스타일의 결혼식을 종종 보게 되었다. 스몰웨딩이라고도 할 수 있는데, 한 공간 안에 많은 손님을 초대하기 어려워지자 직계 가족들, 진짜 친한 친구 몇 명만 초대하게 되었다. 그러니 준비가 훨씬 간편해졌다. 넓은 공간을 채우는 꽃장식도 필요 없어졌고, 큰 삼단 케이크도 사라졌다. 더 좋은 것은 화려한 결혼식장을 빌릴 필요도 없게 되었다. 음악과 조명이 화려한 에프터파티도 사라졌다. 목사님을 모시고 증인들 앞에서 결혼 예배를 드리면 끝이었다. 이렇게 되니 결혼식의 핵심이 보였다. 결혼식의 핵심은 예배다. 당연히 밥이 맛있으면 좋고, 손님들이 많이 와서 축하해 주는 것도 좋다. 그날은 신랑 신부가 눈부시게 빛나야 하는 것도 맞고, 2부 순서가 재미있으면 더욱 좋지만 사실 이런 것들이 결혼식의 핵심은 아니다. 결혼식의 핵심은 새 가정의 출발을 하나님 앞에서 공표하고 예배로 시작하는 것이다.

믿는 사람들은 모든 일을 예배로 시작한다. 노아가 40일 홍수가 끝나고 물이 마를 때까지 기다렸다가 땅에 발을 디뎠을 때, 처음 한 일이 예배였다. 아브라함도 새로운 땅에 들어가면 제일 먼저 제단을 쌓고 예배를 드렸다. 몇 년 전에 어렵게 탈북하여 남한에 정착한 사람을 알게 되었다. 그는 탈북하는 여정에서 한 목사님을 만나 큰 도움을 받았다. 그는 거처에 숨어 지내는 동안 성경을 공부하며 하나님을 믿게 되었다. 그리고 목숨을 건 과정을 지나 마침내 남한에 도착했다. 남한에 거처가 마련되었을 때, 처음 자기 집에 들어가서 한 일이 예배라고 했다. 어떻게 예배 드릴 생각을 했는지 물어봤다. 그가 남한에 도착해서 탈북자들이 교육받는 하나원에 몇 달간 머물렀는데, 그곳 목사님이 남한 생활을 시작할 때 꼭 예배 먼저 드리라고 가르쳐 주었단다. 그래서 그 말을 잊지 않고 기억했다가 집에 처음 들어간 날, 바닥을 걸레로 깨끗이 닦고, 그곳에 앉아 홀로 예배를 드렸다고 했다. 그동안의 우여곡절이 다 주마등처럼 지나가고, 앞으로 살아갈 날들이 기대 반 두려움 반이라 하나님 앞에 오래 앉아 기도했단다.

결혼식의 핵심은 예배다. 결혼식은 내 인생에 가장 큰 행사도 아니고 부모님을 위한 이벤트도 아니다. 남녀 둘을 창조하신 하나님께 감사하고, 이 순간부터 놀랍게 둘을 하나로 만드시는 하나님께 영광을 돌리는 예배가 되어야 한다. 당신의 가정이 하나님의 뜻을 이루고 이웃에게 하나님을 보이는 가정이 되길 소원하는가? 그러면 지금까지 순조롭게 인도해 주신 하나님을 기억하고, 앞으로 걸어가야 할 걸음을 기대 반 두려움 반으로 하나님 앞에 앉아 오래 기도하는 것이 가장 좋은 일이다.

화려하지 않아도 괜찮다

딱 한 번만 경험해 본 특별한 결혼식이 있었다. 어떤 커플이 나에게 와서 결혼식 중간에 중보기도를 인도해 달라고 부탁했다. 결혼식 중에 거기 오신 손님들 모두가 새출발하는 이 부부를 위해 뜨겁게 소리 내어 함께 기도해 주면 좋겠다는 것이다. 너무 이상적인 생각인데 과연 사람들이 기도할까 싶었다. 결혼식에는 하나님을 믿지 않은 사람이 분명히 참석할 것이다. 주례사가 길어져도 다 다른 생각을 한다. 그런 곳에서 통성으로 하는 중보기도라니 말도 안 된다고 생각했다. 게다가 이 커플의 결혼식장은 교회도 아니고 강변에 있는 분위기 좋은 선상 레스토랑이었다. 도대체 그 장소에서 결혼식에 오신 손님들과 기도할 분위기가 될까 싶었다.

그런데 이 커플의 요청은 집요했다. 자신들의 결혼식이고, 자기들을 사랑하는 사람들이 모였으니 꼭 모두의 중보기도 속에 부부가 되고 싶다고 했다. 결국 하기로 했다. 결혼식 중간에 중보기도 순서가 되었다. 이런 예배는 본 적도 들어 본 적도 없으니 오직 주님께 맡길 뿐이었다. 그래서 다 같이 기도하기 전에 손님들에게 미리 부탁을 했다. 이제 다 같이 소리 내어 기도할 텐데 나 혼자만 기도하는 불상사는 없게 해달라고, 하나님을 안 믿더라도 이 부부를 생각하며 하나님께 기도를 올려 주고, 하나님을 믿는 분들은 꼭 소리 내서 뜨겁게 기도해 달라고 했다. 성령님의 도우심으로 그 시간은 은혜로웠다. 다들 마음을 모아 기도했고 그 커플은 아주 기뻐했다. 처음에는 가능할까 싶었는데 끝나고 나서는 이런 멋진 순서를 생각해내고 실행에 옮긴 그 커플이 대단해 보였다.

미국에 거주 중인 한 커플이 있었다. 부모님 허락도 받았고 결혼식 날짜도 잡았다. 몇 달 뒤에 한국에 나가서 결혼식을 올릴 예정인데, 그 전에 여러 가지 사정으로 살림을 합쳐야 하는 상황이었다. 그래서 그 커플은 우리 부부를 찾아왔다. 목사님을 모시고 결혼 예배를 드리고 함께 살고 싶다고 했다. 믿는 사람의 시작은 예배임을 아는 친구들이었다. 이 결혼 예배에는 특별한 장소도, 드레스와 턱시도도 필요 없었다. 조용히 예배드릴 수 있는 우리 집에 편안한 옷차림으로 모였다. 우리 부부, 그 커플 이렇게 네 명이 모여서 간단하게 밥 먹고, 성경 펴고 예배를 드렸다. 하나님께 둘의 만남을 감사드리고, 하나님의 뜻을 이루는 가정이 되길 간절히 기도했다. 이렇게 진실한 예배를 올리고 넷이서 식탁에 둘러앉아 기념사진을 찍었다. 그리고 둘은 함께 살기 시작했다. 나중에 이민국에서 그 부부에게 결혼에 대한 보충 서류를 요청했을 때, 우리 넷이 찍은 결혼 예배 사진을 증거로 제출하고, 목사님이 이 부부의 증인임을 써서 보냈다. 이민 절차는 당연히 일사천리로 진행되었다.

결혼의 시작은 예배가 되어야 한다. 이유도 모를 화려한 식을 위해 진땀 빼지 말자. 말로만 하나님을 기쁘시게 하는 가정, 하나님께 영광 돌리는 가정이 되겠다고 고백할 필요 없다. 결혼의 첫 시작을 예배로 올리는 것이 하나님을 가장 기쁘시게 해드리는 일이다.

Q.

결혼 예배를 어떻게 드릴 것인가? 결혼식의 모든 순간이 하나
님께 드리는 예배가 되도록 계획해 보자.

Q.

예배를 인도해 주실 수 있는 분이 있나?

찾아뵙고 주례를 부탁하자.

Epilogue | 하나님이 계획하신
내 사람은 단 한 명이다

나는 서른 살이 되기 전에 결혼하고 싶었다. 결혼이 인생 소원이었는데 어련했겠는가. 20대 후반이 되어 가는데 나의 짝은 어디에도 보이지 않았다. 마음은 점점 조급해지는데 불난 집에 부채질하는 것도 아니고 주위에서 좋은 사람이 그렇게 없냐고 물어보니 더 처량해졌다. 하나둘씩 친구들 옆에 짝이 생길 때마다 날 사랑해 주는 남자는 왜 이렇게 안 나타나나 답답했다. 지구에 사는 사람이 80억 명이라는데, 둘도 셋도 아니고 딱 한 명이면 되는데 그 한 명이 그렇게 안 보였다. 난 썸도 타야 하고 연애도 해야 해서 갈 길이 먼데 그 한 사람이 보이지 않으니 비참했다. 그래서 하나님께 도대체 내 갈비뼈는 어디에 두셨냐고 하소연한 적도 있다. 아담의 눈앞에 하와를 이끌어 오셨듯이 당장 내 앞에 아담을 데려오시든지 아니면 나를 이끌어서 아담 앞에 데려다 놓으시라고 징징거렸다.

이런 나의 마음을 아는 분들이 따끔한 조언을 주셨다. 그 중에 한 가지가 "옥수수밭 이론"이었다. 이 옥수수밭에는 한 사람이 단 하나의 옥수수만 딸 수 있다. 단 조건이 있다. 한 번

지나친 옥수수 나무로는 되돌아갈 수 없다. 이제 한 명씩 출발이다. 어떤 사람은 초반에 별 고민하지 않고 옥수수 하나를 골랐다. 사람들이 왜 더 보지 않고 바로 결정하냐고, 후회하지 않겠냐고 하니까 옥수수가 다 같지 별다를 것이 있겠냐고 대꾸했다. 또 어떤 사람은 중반에서 괜찮은 옥수수를 발견했다. 그런데 아무래도 몇 걸음 더 가면 더 좋은 옥수수가 있을 것 같았다. 그래서 지나쳤다. 걷다 보니 옥수수밭 끝이 보이기 시작했다. 그 끝에는 그렇고 그런 옥수수만 남아 있었다. 아까 봤던 좋은 옥수수가 아른거렸지만 다시 돌아갈 수 없었다. 그때 더 고민하지 말고 그 옥수수를 선택할 걸 후회했다. 이 이론은 배우자든 뭐든 너무 고민하지 말고 어느 정도 괜찮다 싶으면 선택하라는 교훈을 남긴다. 진짜 그럴듯한 연애 이론이지 않은가! 처음 이 이야기를 듣고 가슴이 서늘했던 기억이 난다. 지나간 사람이 나의 님이었나 싶기도 하고 내가 지금 너무 고르고 골라서 못 만나고 있나 반성했다. 그런데 아무리 생각해 봐도 이 이론은 아닌 것 같다. 옥수수고 나발이고 자기 마음은 자기가 안다.

옥수수 밭을 출발했다. 내 옥수수를 만났다. 그러면 후광이 보인다. 발이 그 자리에 저절로 멈추게 된다. 단지 그 옥수수가 나에 대해서 어떻게 생각하나, 관심이 있는가 없는가가 문제지 내 마음은 이미 빼앗겼다. 나더러 소개팅을 하면 적어도 세 번은 만나 보고 결정하라는 사람도 있었다. 나는 여기에 동의하지 않는다. '아니다' 싶은 사람을 억지로 세 번이나 만나 볼 이유는 없다. 한 번이라도 더 만나고자 한다면 분명히 그 사람을 더 알아보고 싶은 마음이 있어야만 한다. 자기 눈을 의심하지 말자. 하나님이 계획하신 내 사람은 단 한 명이다. 그리고 내 눈과 마음은 내 짝을 알아본다.

난 내 남편을 처음 만나 밥을 같이 먹으면서 이 사람 참 괜찮다고 생각했다. 더 알아보고 싶었다. 그래서 그다음에 연락이 오면 빼지 않고 열심히 답했다. 성심성의껏 대답하고 열렬히 반응했다. 남편은 그시절 내 반응을 보고 '이 사람이 날 좋아하는구나!' 확신했다고 했다. 그 정도로 티를 냈다. 서로 이야기를 나눌수록 잘 맞는다는 생각이 들었다. 만나면 만날수록 또 만나고 싶었다. 평생 함께해도 좋겠다는 생각이 들었다. 그건 본인이 안다. 그 사람과 연애를 시작했다. 이 사람이면 평생 친구, 서로의 응원단장, 절친이자 인생의 고비를 같이 넘고 넘는 전우로 살 수 있겠다 싶었다. 어서 결혼하고 싶었다. 그래서 온 가족의 축복 속에 결혼까지 순조롭게 이어지기를 기도했다.

사귄 지 딱 1년 만에 결혼식을 올렸다. 이 사람이 나의 아담이란 생각에 결혼을 결심했고, 함께 살아 보니 그 확신이 더 깊어졌다. 하나님의 계획과 섭리는 시간이 지나면 보이는데 내 결혼이 그랬다. 시간이 지날수록 하나님이 우리를 서로의 배필로 계획하셨고, 적당한 때에 만나게 해주셨고, 결혼으로 이끄셨구나 깨닫게 된다. 그래서 앞으로의 인생도 기대된다. 놀랍도록 크신 하나님이 우리를 얼마나 더 큰 모험으로 인도하실지 흥미진진하다.

결혼 전에 나는 스스로를 나름 성숙한 사람이라고 자부했다. 하지만 결혼하고 나서 내 실체를 보았다. 작은 어린이 밥그릇 정도가 내 용적이었다. 나의 아담과 하나 됨을 거치면서 많이 깨지고, 깨우치고, 깨끗해졌다. 이제 국그릇 정도 된 것 같다. 혼자서는 어린이 밥그릇이면 충분한 줄 알고 평생을 살았겠지만, 이제 우리 부부에게 맡겨진 자녀도 있으니, 그릇이 더 커져야 함을 깨닫는다. 가야 할 길을 아는 것만 해도 소망이 있다.

나는 결혼하기 전보다 결혼 후에 결혼이 더 좋아졌다. 너무 징그러운가? 그렇지만 이것이 사실이다. 그래서 나는 기도한다. 당신이 결혼을 꿈꾸길. 하나님이 당신을 위해 계획하고 준비하신 결혼을 통해 하나님의 꿈을 이뤄 가길 간절히 기도한다.

BEFORE MARRIAGE